大漢楚國二百年

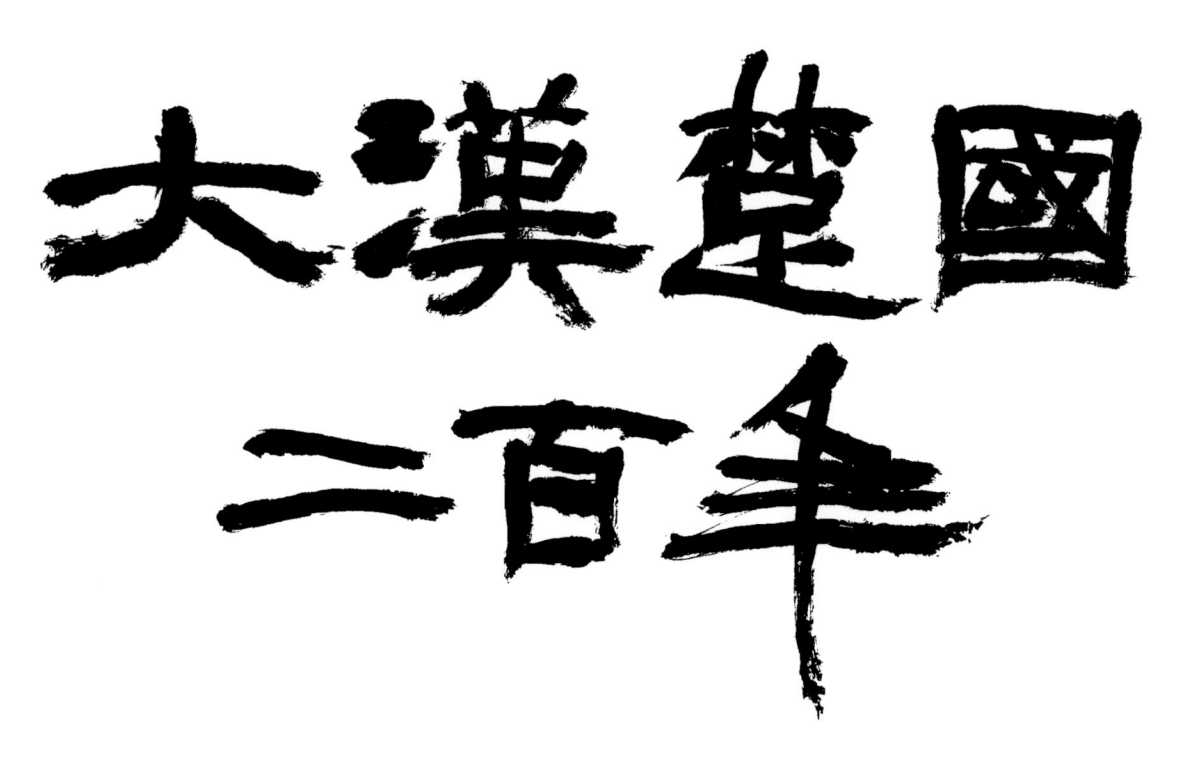

徐州漢代文物圖志

徐州博物館 编

江苏凤凰文艺出版社
JIANGSU PHOENIX LITERATURE AND ART PUBLISHING

图书在版编目（CIP）数据

大汉楚国二百年：徐州汉代文物图志 / 徐州博物馆编. -- 南京：江苏凤凰文艺出版社，2025.3. -- ISBN 978-7-5594-9258-6

Ⅰ.K872.533.2

中国国家版本馆CIP数据核字第2025TW8922号

大汉楚国二百年：徐州汉代文物图志

徐州博物馆　编

出 版 人	张在健
策划编辑	费明燕
责任编辑	高竹君　胡雪琪
封面题字	李守银
书籍设计	郭　凡
责任印制	杨　丹
出版发行	江苏凤凰文艺出版社
	南京市中央路165号，邮编：210009
网　　址	http://www.jswenyi.com
印　　刷	上海雅昌艺术印刷有限公司
开　　本	889毫米×1194毫米　1/16
印　　张	15.5
字　　数	350千字
版　　次	2025年3月第1版
印　　次	2025年3月第1次印刷
书　　号	ISBN 978-7-5594-9258-6
定　　价	298.00元

江苏凤凰文艺版图书凡印刷、装订错误，可向出版社调换，联系电话025-83280257

《大汉楚国二百年：徐州汉代文物图志》编委会

主　　　任　李晓军
副 主 任　原　丰　黄豫民　宗时珍
主　　　编　李晓军　宗时珍
执 行 主 编　孟　强　缪　华
副 主 编　仇文华　赵珵珵
编　　　辑　马静娟　胡孟翔　武　耕　张译丹　彭　茹　刘文思

序

徐州古称彭城，是历史文化名城，两汉文化遗存十分丰厚，以楚王陵墓、汉玉、汉俑及汉画像石最具代表性。刘交世系的楚王陵墓是国内发展序列最完整、时代跨度最大的横穴式崖洞墓群，是古代陵墓建筑的博物馆。徐州出土的汉代玉器数量多、品类全、玉质好、工艺精，是能够代表汉代玉器最高水平的玉器群。汉俑也是徐州两汉文化遗存的一个特色，葬在狮子山的楚王是目前发现的唯一一个以兵马俑军阵陪葬的汉代诸侯王，北洞山彩绘陶俑更是极尽所能，将写实进行到底，惟妙惟肖地刻画每一个人物及其服装、佩饰等，甚至男性的腮红与脂粉也表现出来。东汉时期的地方豪强将对美好生活的向往刻在石头上，带入地下。徐州是汉画像石墓发现最为集中的地区之一，画像石是一部绣像的汉代史。

经过七十余年的积累和发展，徐州博物馆逐渐从偏于乾隆行宫一隅的小单位，发展成包括主陈列楼、汉代采石场遗址（全国重点文物保护单位）、土山东汉彭城王墓（江苏省文物保护单位）、乾隆行宫（江苏省文物保护单位）在内，拥有三级文物保护单位，包含古遗址、古墓葬、古建筑的综合性博物馆，形成了较为完备、特色鲜明的藏品体系，科学研究、社会服务等方面也成果斐然，已跻身国家一级博物馆行列。

精美绝伦的汉代文物是徐州博物馆最鲜明的特色。考古发掘品构成了馆藏汉代文物的主体，这些藏品出土地明确、科学性强，在海内外享有盛誉。在不断改造升级场馆设施，将更多展品纳入基本陈列的同时，徐州博物馆也践行着"让文物活起来"，努力打造以汉文化为主的外展品牌。

徐州博物馆一直坚持建立和丰富展览的双体系，一个是基本陈列体系的不断改进和提升，另一个是在不影响基本陈列的前提下逐步构建对外展览体系，经过多年的努力，已经取得一定成效。徐州博物馆的汉代文物珍品不仅在国内举办展览，也走出国门，成为文化交流、文明互鉴的使者。

徐州博物馆在国外举办展览，可以追溯到 20 世纪 80 年代末，组织汉代文物珍品第一次成体系地走出国门，在澳大利亚展出半年时间，90 年代也在法国、奥地利等国的友好城市举办了展览。2000 年后，出境展览的频次显著提高，影响力日益扩大，馆藏文物精品先后在日本、比利时、奥地利、英国、意大利、法国、德国、美国、沙特阿拉伯、匈牙利等国展出。2007 年 3 月至 11 月在奥地利雷欧本市举办的"金与玉——徐州汉代文物精品展"，奥地利国家领导人、中国驻外使节等都参观了展览。2008 年在英国埃塞克斯郡考彻斯特城堡博物馆举办的"王的守护者——中国汉代陶俑艺术珍品展"，以及 2012 年在剑桥菲茨威廉博物馆举办的"中国汉代地下珍宝展"，均在当地引起轰动。

近十年来，徐州博物馆与海内外知名博物馆或展览机构合作举办或参与外展近百项，与国外著名博物馆的交流更加频繁，成果更加丰硕。仅 2017 年，徐州博物馆就主办或参与了分别在美国四个重要城市展出的三个展览。其中，纽约大都会艺术博物馆举办的"秦汉文明"展是当年中美文化交流的重点项目，也是当年全美规模最大、影响最深远的中国文化艺术展览。在纽约华美协进社中国美术馆举办的"楚王梦：玉衣与永生——徐州博物馆汉代珍藏展"，是徐州博物馆在美国单独举办的首个文物展览，此后该展览又在堪萨斯州纳尔逊-阿特金斯艺术博物馆巡展。

为配合国内外重大活动，徐州博物馆参与了一系列重要展览：2007年参与为纪念香港回归十周年而举办的"中国考古新发现"文物展；2008年奥运会期间，参与首都博物馆"中国记忆——五千年文明瑰宝"展，金缕玉衣成为众多展品中的亮点，得到央媒多次报道；2014年10月至2015年3月，为纪念中法建交50周年，参与在法国国立吉美亚洲艺术博物馆举办的"汉风——中国汉代文物展"，此展览由中法两国首脑作为展览监护人，可见规格之高。

徐州博物馆在外展品牌形象基本建立起来的同时，国内办展数量更多，涉及北京、上海、湖南、湖北、四川等十余个省市的数十家博物馆。与中国国家博物馆、南越王博物院、北京艺术博物馆、新疆维吾尔自治区博物馆、南京博物院、上海博物馆等知名博物馆的交流合作，既提升了我们的办展水平，也扩大了徐州两汉文化的影响力。

2023年，"解忧公主的故乡——徐州汉代楚国文物精品展"于"5·18"国际博物馆日在伊犁哈萨克自治州博物馆开幕，该展是重要的"文化润疆"交流交往项目。西汉时期，伊犁州所在的乌孙国，与汉王朝因为一位伟大的女性——解忧公主而紧密相连。解忧公主是楚王刘戊的孙女，公元前100年受汉武帝之命和亲乌孙，在西域居住时间长达五十年。该展览通过考古发掘成果，介绍了西汉楚国概貌、宫廷生活，以及汉朝对死亡的认识和相关思想习俗，并通过徐州、伊犁州两地出土文物的对比，阐释解忧公主在多元一体的多民族统一国家历史进程中的重要作用。

该展览本拟配套出版一本图录。但编写团队考虑到徐州博物馆藏汉代文物十分丰富，较为系统介绍这些藏品的书籍却不多，2006年在中国国家博物馆办展时出版《大汉楚王——徐州西汉楚王陵墓文物集萃》，距今也已经过去了近二十年，这一期间馆藏文物数量不断增加，与之相关的研究也有新成果，所以拓展思路，以在伊犁哈萨克自治州博物馆展出的藏品为基础，适当增加近年来较多参与外展项目的文物，形成了这本以介绍汉代楚国为主要内容的书籍。

谨以此书致敬为徐州文博事业发展添砖加瓦的每个人！

徐州博物馆

目录

序	004
前言	009

第一单元　富昌之国　　013

仓廪殷实	014
货殖丰饶	026
百工兴盛	038

第二单元　同制京师　　059

信印百官	060
崇文尚武	080
楚兵争锋	099

第三单元　楚宫笙歌　　　　　117

比德于玉　　　　　118

锦绣衣冠　　　　　143

钟鸣鼎食　　　　　182

第四单元　长生无极　　　　　211

恢宏地宫　　　　　213

玉佑长生　　　　　219

后记　　　　　247

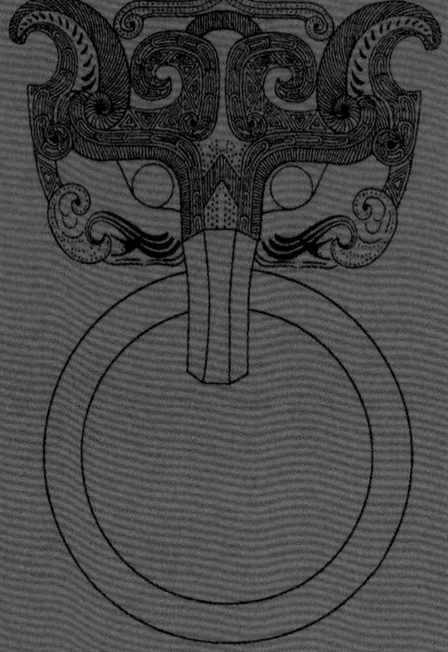

前言

徐州，古称彭城，影响力辐射苏鲁豫皖四省，自然条件优越、物产丰饶、交通便利，有着独特的区位优势，战略地位极其重要。秦汉之交，这里是全国的政治中心。公元前202年，刘邦击败项羽，建立汉帝国，次年，贬楚王韩信为淮阴侯后，封其弟刘交为楚王，定都彭城，领东海、薛、彭城三郡36县。

汉初的楚国占据今苏北、鲁南、皖北、豫东广大地区，政治地位高、军事力量强且经济繁荣富庶。汉景帝前元三年（公元前154年），吴、楚等七国发动叛乱。平定叛乱后，景帝立平陆侯刘礼为楚王，此时楚国的疆域大幅减缩。汉宣帝地节元年（公元前69年），楚王刘延寿谋反败露，畏罪自杀，此后楚国改为彭城郡，刘交世系的楚国历经八王，至此终结。甘露三年（公元前51年），宣帝徙皇子定陶王刘嚣为楚王，复置楚国，属徐州刺史部，经三代四王，至王莽摄政时（公元8年）楚王刘纡被贬为公，刘嚣一支的楚国国除，改为和乐郡。东汉前期，光武帝刘秀之子刘英也曾为楚王（公元52—70年），是当时较早信奉佛教的诸侯王。

汉代是一个承前启后、蓬勃向上的时代，社会繁荣，文化自信，人民热情而奔放、浪漫而进取，由此奠定了中华民族的主基调。徐州是汉高祖刘邦的桑梓，两汉文化遗存十分丰富。这里发现了包括西汉楚王墓群、刘氏宗室墓等墓葬约3000座，其中，凿山为藏的大型横穴式崖洞墓、画像石墓最具特色。汉代遗址、墓葬中出土数以万计的珍贵文物，反映了当时政治、经济、文化乃至社会信仰的方方面面，可谓包罗万象。两汉文化是徐州靓丽的文化名片，特别是西汉时期200年左右的时间，文化遗存最为丰富。让我们拂去沙尘，拨开迷雾，走进那段辉煌历史，捕捉远逝的光芒。

西汉楚国封域图

西汉楚王年表

序数	世系	谥号	姓名	在位时间 起讫（公历、帝王纪年）	年数	继承关系
1	异姓王		韩信	高祖五年—高祖六年（公元前202—前201年）	1	改封
2	刘交世系	元王	刘交	高祖六年—文帝元年（公元前201—前179年）	23	始封高祖弟
3	刘交世系	夷王	刘郢（郢客）	文帝二年—文帝五年（公元前178—前175年）	4	刘交子
4	刘交世系		刘戊	文帝六年—景帝前元三年（公元前174—前154年）	21	刘郢子
5	刘交世系	文王	刘礼	景帝前元四年—景帝前元六年（公元前153—前151年）	3	刘交子
6	刘交世系	安王	刘道	景帝前元七年—武帝元光六年（公元前150年—前129年）	22	刘礼子
7	刘交世系	襄王	刘注	武帝元朔元年—武帝元狩六年（公元前128—前117年）	12	刘道子
8	刘交世系	节王	刘纯	武帝元鼎元年—武帝太初四年（公元前116—前101年）	16	刘注子
9	刘交世系		刘延寿	武帝天汉元年—宣帝地节元年（公元前100—前69年）	32	刘注子
10	刘嚣世系	孝王	刘嚣	宣帝甘露四年—成帝河平四年（公元前50—前25年）	26	改封宣帝子
11	刘嚣世系	怀王	刘文	成帝阳朔元年（公元前24年）	1	刘嚣子
12	刘嚣世系	思王	刘衍	成帝阳朔二年—哀帝建平四年（公元前23—前3年）	21	刘嚣子
13	刘嚣世系		刘纡	哀帝元寿元年—孺子婴居摄三年（公元前2年—公元8年）	10	刘衍子

第一单元

富昌之国

"仓廪实而知礼节",富庶的生活是社会发展的基础,西汉时期,楚国所在的地域较之现代更加温暖湿润,物产丰富,百姓安居。这里阡陌交错,农耕发达,传统的稻、黍、稷等作物考古中多有发现,加之小麦等新作物的普遍种植,实现了至少一年两熟。这里养殖业繁荣,六畜蕃息,鸡犬之声相闻,丰富了人们的食谱。楚国的手工业门类齐全,产业链完整,有些门类引领当时之风潮。优越的自然条件和生产技术的进步促进了农业、养殖业的发展,品类齐备的手工业提高了人们的生活品质,彭城作为东方都会,繁荣的商业和贸易也极大地促进了财富积聚和人口增殖。通过分析徐州狮子山、北洞山西汉楚王墓出土的印章、封泥,有学者认为,汉景帝前元三年(公元前154年)前,楚国管辖的县已经由汉初的36县扩展为51县,说明楚国社会经济的迅速发展。像楚国这样,在短短的40多年内,属县增加近一半,这在其他地区是不多见的。

仓廪殷实

　　种植作物多样化是徐州汉代农业的一个特点。随着圆形双盘石磨在苏北鲁南地区的普遍使用,从西亚地区传入的小麦在楚国及周边地区得到较大规模的种植。包括楚国在内的苏北鲁南地区是小麦大规模种植较早的地区,江苏东海县尹湾西汉墓出土的《集簿》木牍,记载东海郡"宿麦十万七千三百□十□顷,多前千九百廿顷八十二亩",可见当时种植规模之大。徐州汉墓中也发现当时的水果等副食品。龟山楚襄王刘注墓的水井中出土枣、桃、梅、杏、酸枣、李等果核,有些墓中还发现了葡萄。

大量堆积炭化物的北洞山楚王墓附属第 10 室

铁犁铧

西汉
长 16.7 厘米，宽 24 厘米
徐州博物馆藏

西汉时期，铁器在农具中已经广泛使用。但因铁的产量较低，有些农具只将铁用于刃部。这件犁铧为三角形，尖处起脊，脊两侧略呈下凹的弧面，以利于翻土。

牛耕图画像石拓片

东汉
宽 106 厘米，高 84 厘米

　　中华文明是典型的农耕文明，农业的发展支撑起强盛的汉帝国，也造就了西汉楚国的富庶。考古发现证明了西汉楚国农作物的多元化，而更为直观的则是汉画像石中的耕作和收获场景。

　　牛耕图画像石出土于睢宁县双沟镇，为东汉时期文物，原石已残。画面分为三层，最下一层描绘了田间劳作的场景。二牛迈步向前，共拉一犁，一男子身着短衣，手扶犁把，迈步前行。男子身后有一幼儿持物玩耍，其后一车满载物品，车上三只小鸟或卧或立，车边一犬匍匐于地，静静注视着前方。不远处，一人挑担，一人锄地，卸下负重的牛儿悠闲踱步，田间还有茁壮的秧苗肆意生长。

舂米图画像石

东汉
宽 163 厘米，高 80 厘米
徐州贾汪散存

画像石的左侧残缺，剩余部分描绘了舂米和谷物脱壳的场景，画面周围装饰穿璧纹、连弧纹。左侧二人扶栏踏动杠杆舂米，右侧一人手持一杵搅动石臼内的谷物，不远处挂着鱼和兔子等肉食。画面中间有二人，一人持巨扇扇风，另一人双手举箕将谷物缓缓撒下，谷粒已经堆成了小山，而谷壳飘扬到远处。一只英气十足的公鸡来到旁边欲啄食谷粒，空中有数只小鸟"闻风而动"，匆匆向这里飞来。

石磨

西汉
直径 70 厘米，高 25 厘米
徐州博物馆藏

徐州地区种植小麦的历史较早，庙台子西周遗址中就有炭化的小麦颗粒。与中原地区黍、粟等作物的粒食习惯不同，小麦需要加工成粉状才有较好的口感，这也影响了小麦在中原地区的推广。

主食的改变与小麦加工工具石磨的普遍使用密切相关，就目前的考古材料而言，苏北鲁南地区出土的陶磨这种模型明器时代较早，且数量较多。

019

陶磨

西汉
长 19.6 厘米，宽 19.6 厘米，高 9.6 厘米
徐州云龙山出土

陶井

西汉
口径 16.2 厘米，高 15 厘米
徐州火山刘和墓出土

陶井

西汉
口径 13 厘米，高 18.5 厘米
徐州博物馆藏

陶囷

西汉
仓径 20.8 厘米，高 25.6 厘米
徐州东甸子汉墓出土

　　陶仓是汉墓中较为常见的建筑类明器。徐州地区出土的储粮明器总体可分为圆形、方形（长方形）两个大类。《说文·仓部》："圜曰囷，方曰仓。" 圆形仓起源于关中地区，是秦文化的产物。目前考古发现最早的陶囷出自春秋中晚期关中地区的秦墓之中，战国早中期，关中及其周边地区的中小型秦墓中随葬陶囷的现象已经比较流行，战国中晚期在湖南、湖北、安徽等地传播开来。徐州地区囷较多发现于西汉早期的墓葬中。西汉时期，徐州地区在囷继续流行的同时，一种新型的储粮明器——方形的陶仓开始出现。西汉中期，方形仓成为徐州地区储粮类明器的主流，不仅包括单层型方仓，还有较多彩绘仓楼。

陶仓

西汉
长 47 厘米，宽 30 厘米，高 21.5 厘米
徐州后楼山八号墓出土

023

陶仓

西汉
长 19.4 厘米，宽 12.5 厘米，高 14 厘米
徐州白云山汉墓出土

陶瓮

西汉
腹径 68.5 厘米，高 67.5 厘米
徐州狮子山楚王墓出土

　　泥质灰陶，平口折沿，短颈折肩，鼓腹，圜底。肩部刻有"东乡安国费伯""司乙八"文字。此件陶瓮出土于内墓道东侧第 1 室，该室共出土这种形制的大陶瓮 8 件，另有小陶瓮 4 件。大陶瓮器表饰绳纹、篦纹或弦纹。肩部多刻有文字，诸如"司甲丙四""十石东""市"等。小陶瓮高 34—44 厘米不等，器形与大陶瓮相似，肩部缓折。肩部也多刻有"茈酱二石食官第二""食官三石""十""食官""月（肉）酱二石食官第二司甲九十八廿斗南市"等文字。这些文字记载了陶瓮的用途、产地、容量、工匠姓名，以及编号等。与陶瓮伴出的"兰陵丞印"等封泥，表明这些大陶瓮是楚国属县兰陵等地供奉食物和美酒的盛器。小陶瓮是盛装肉酱、荸荠酱等的器物。该室同出的还有猪、狗、牛、鸡的骨骸，足以显示楚王日常饮食种类的丰富。

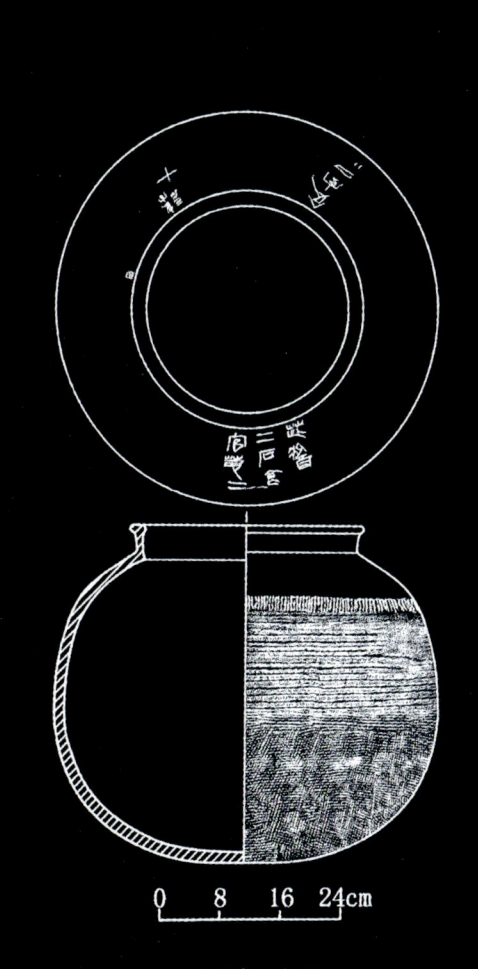

小陶瓮示意图

货殖丰饶

　　汉代楚国牛、猪、狗、羊、鸡、鸭、鹅等家畜家禽饲养极为普遍。汉墓中常发现家禽、家畜的骨骼，如鼎、盒、罐等盛器内放置的鸡骨、鱼骨等，狮子山楚王墓的庖厨室内，在一堆鸡骨中还发现了一枚"符离丞印"封泥。有些墓中有螃蟹壳、鱼卵、鸡蛋壳等。有的宠物陪葬在主人身边，宠物狗的项圈上挂着小小的铜铃。大型猛兽也是贵族们喜爱豢养的品种，如狮子山楚王墓出土玉豹、铜豹镇，北洞山楚王墓出土玉熊等，它们脖颈处都戴着嵌海贝的项圈。

狮子山楚王墓庖厨间出土鸡骨及"符离丞印"封泥现场

陶猪圈

西汉
长 23 厘米，宽 15 厘米，高 11 厘米
徐州贾汪马山汉墓出土

陶猪圈

西汉
长 35 厘米，宽 22 厘米，高 27 厘米
徐州博物馆藏

陶猪

东汉
长 17.6 厘米，宽 6.1 厘米，高 8.6 厘米
徐州拉犁山汉墓出土

陶鸡

东汉
长 21 厘米，宽 9.5 厘米，高 20 厘米
徐州土山汉墓出土

陶鸭

东汉
长 19.5 厘米，宽 14 厘米，高 17.5 厘米
徐州土山汉墓出土

陶狗

东汉
长 19.5 厘米，宽 6.5 厘米，高 12.5 厘米
徐州土山汉墓出土

陶马

西汉
长 67 厘米，宽 20 厘米，高 65 厘米
徐州羊鬼山陪葬坑出土

冷兵器时代，马是一种重要的战略资源。汉王朝建立之初，社会凋敝，"自天子不能具钧驷，而将相或乘牛车"，统治者极其重视马的养殖和良种的繁育。陶马是汉代贵族墓中常见的随葬品，它们是贵族们交通出行的工具，也是军队的中坚力量。

狮子山楚王墓羊鬼山东部分布有陵园内埋藏规模最大的一组陪葬坑，这些陪葬坑纵横排列，整齐有序，分类明确，功能各异，种类丰富。其中一坑放置了一批官吏俑、侍女俑和 4 件陶马。这些陶马与狮子山兵马俑坑出土的陶马形制几乎相同，灰色泥质陶制成，均立姿，应为两骖两服。陶马形体健壮，额头上的鬃毛呈圆形，双目凸出，尖耳直竖，双唇微合，唇后端有一贯穿两侧的圆孔，应为装马衔处。马颈部剪鬃，臀部浑圆，身下部两端各做成椭圆形平台，以便粘接马腿。马尾下垂，梢部挽结。有的马胸前残留有红彩，与狮子山兵马俑坑出土的陶马彩绘一致。整匹马为分模制作：马耳单独模制，头颈用双模制作，身躯也用双模制作，腔壁厚重，下部留口；马四肢模制成型，多为实心体，个别后腿上部中空；马尾亦用模制实心体。马体各部件分别烧制后，再进行粘接、涂彩。

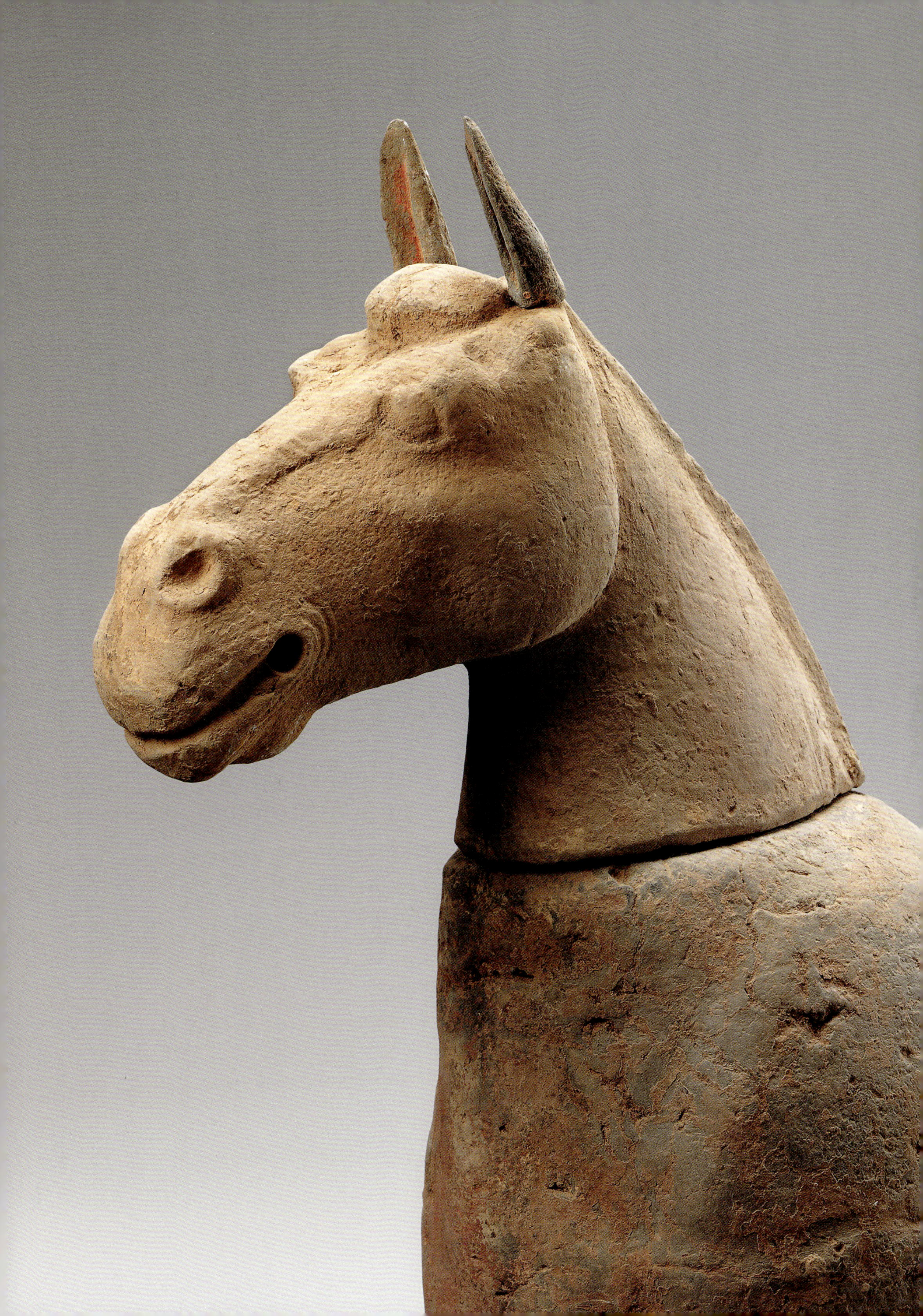

陶马

西汉
长 33 厘米，宽 9.5 厘米，高 22 厘米
徐州龟山楚襄王刘注墓出土

经过数十年的积累和发展，至汉武帝时期，帝国的养马业已经十分发达，"众庶街巷有马，阡陌之闲成群，而乘字牝者傧而不得聚会"，那时候如果骑一匹母马，是会被人瞧不起的，都参加不了聚会。较之狮子山楚王墓和羊鬼山陪葬坑中出土的陶马，龟山楚襄王刘注墓出土的陶马线条更加犀利，比例更加匀称，精气神更胜一筹，这与当时人们对马的认识和马种的改良不无关系。

石豹镇

西汉
长 23.5 厘米，宽 13 厘米，高 14.5 厘米
徐州狮子山楚王墓出土

石豹镇以青灰色大理石雕成，豹和台座连为一体。豹侧卧于台座之上，双目圆睁，瞪眼前视。口微张，齿外露，双耳直竖，脸部周围有一圈鬃毛，脖颈上佩戴有华丽的嵌贝项圈，项圈上有用以系绳的钮。豹体肥硕，长尾从两后腿间反卷曲于背上，四足巧妙地分布在同一侧，少了野性，但显得雄健而又温驯。石豹镇整体形象简洁凝练，概括而传神，同出的另外 1 件石豹镇造型、大小与此件一致，但豹体略有残缺。狮子山楚王墓还出土 2 件造型颇为类似的铜豹镇。这些豹镇均为镇席用具。

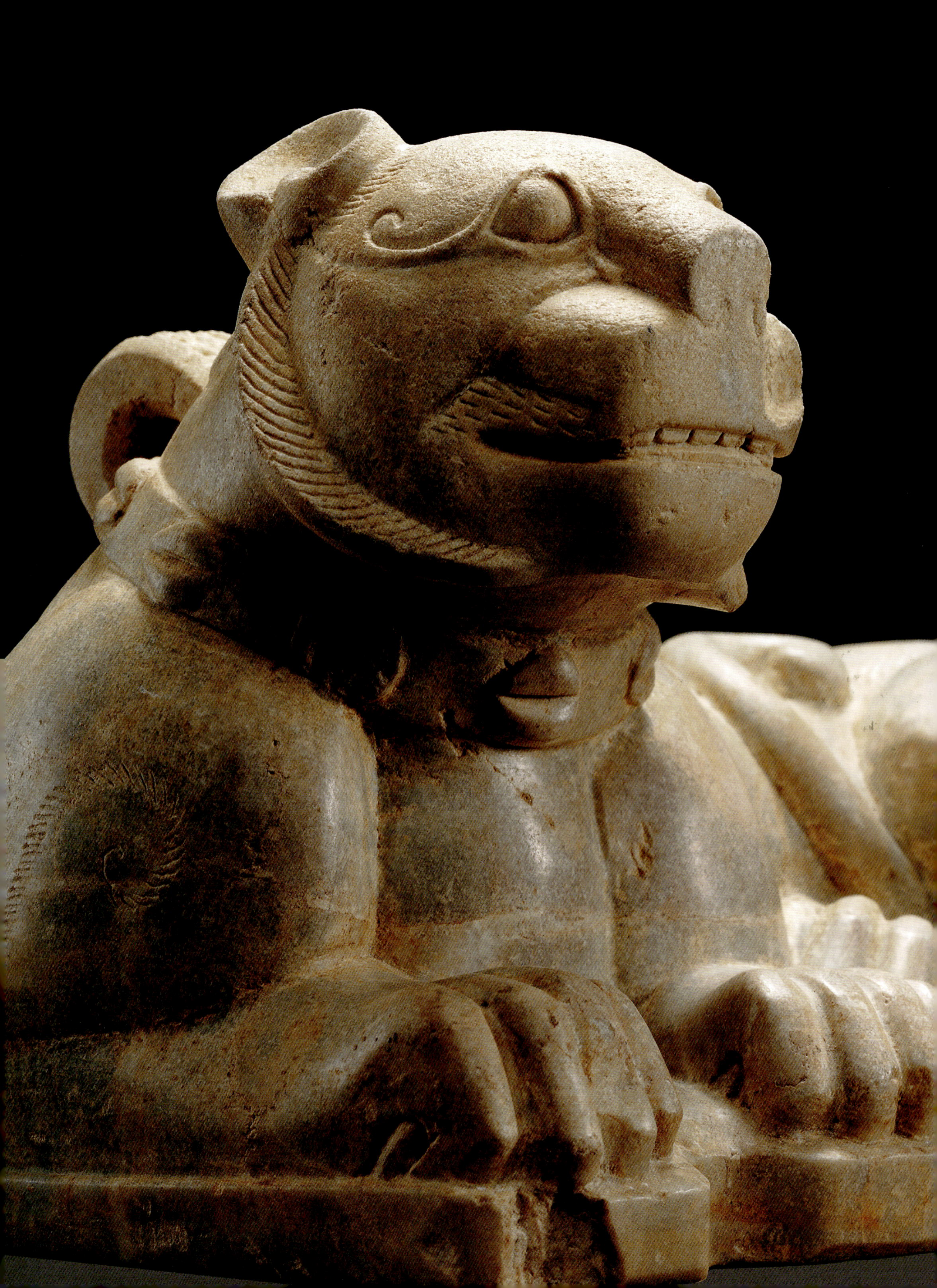

铜豹镇

西汉
长 19.7 厘米，高 11.1 厘米
徐州狮子山楚王墓出土

　　铜豹镇为镇席用具，出土于西面第 2 侧室，共有 2 件。豹呈卧姿，肌肉强健，两前爪平放于前，后腿相交于身下，长尾从两后腿间反卷曲于背上，脖颈上戴有镶缀海贝的项圈。豹体上阴线刻"尚卧重十三斤十二两十八朱铅重十九斤十三两十朱"，说明该豹采用铜铸外形、体内灌铅的方法制成。在未经盗扰的汉墓中，压席的镇为 4 枚，多排列成方形。铜豹镇在汉镇中较常见，豹体多蜷曲盘伏成一团，呈半球形，有的豹体上用金银错出豹斑，非常形象。河北满城窦绾墓出土的 4 件铜豹镇体内灌铅，身上用金银嵌错出梅花状的豹斑，豹昂首侧顾，瞋目皱鼻，口部微张，似在低声嘶吼，生动逼真。

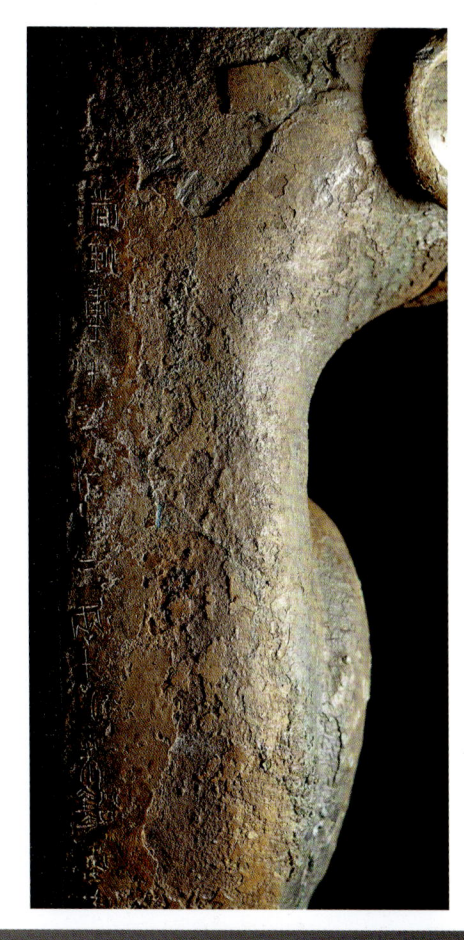

玉熊镇

西汉
长 20.3 厘米，宽 8.5 厘米，高 6.6 厘米
徐州北洞山楚王墓出土

玉熊镇为青玉质，呈伏卧状，颈部戴有嵌贝项圈，体形肥硕，憨态可掬。器物采用圆雕和局部线雕相结合的手法，线条圆润洗练，将熊的形象刻画得生动传神。

镇用于压席子四角，避免由于起身、落座折卷席角，这种做法在战国时期已比较常见，至汉代更加普遍。镇的质地和形制丰富多彩，楚辞《九歌·湘夫人》有"白玉兮为镇"之句，王逸注："以白玉镇坐席也。"汉代邹阳《酒赋》曰："安广坐，列雕屏，绡绮为席，犀璩为镇。"郭宪《洞冥记》卷二云："金床象（席），虎珀镇。"《西京杂记》记载昭阳殿有"绿熊席，席毛长二尺余"，"有四玉镇，皆达照，无瑕缺"。用于制作镇的材料有玉、石、铜、铁、琥珀等。从已发掘的考古资料看，汉镇有虎、豹、辟邪、羊、鹿、熊、龟、蛇等多种造型，以豹、虎等较凶猛的动物为形象的席镇在当时较为流行，含有辟恶避邪的用意。徐州出土的玉镇为楚王御用，形体硕大，气势不凡。玉豹、铜豹、玉熊脖颈上均戴有项圈，说明在汉朝高等级贵族有驯养大型猛兽为宠物的爱好。

037

百工兴盛

种植广泛的桑麻类作物为纺织业提供了丰富的原料。技术的进步推动铁器在生产、生活乃至军事上广泛运用。从采铜到做器、铸钱，楚国的制铜产业有着完整的体系。制玉业等为高等级贵族服务的手工业表现更为突出，制作的玉器在工艺、造型上较之前代都有所突破，并最早出现了玉衣等殓葬玉器新品类。此外楚国的手工业还有骨器加工、石料加工、石灰烧造等，涵盖了社会生活的方方面面。

徐州汉代采石场遗址局部

纺织图画像石

东汉
宽 92 厘米，厚 20 厘米，高 103 厘米
徐州贾汪青山泉镇散存

　　该石画面分为二层。下层为宾主二人对坐榻上，远行而来的车、马分别安置在屋外两侧。上层为纺织图，右侧二人正在纺线，已经完成的线束挂在墙上，左侧一妇人坐在织机前纺织不辍，听闻吵闹，侧身回首欲揽幼儿入怀，画面将这一瞬间定格，颇具生活气息。画像石是当时社会生活的直观反映，徐州贾汪青山泉、邳州白山故子、铜山伊庄等地共发现纺织图 10 幅，占了目前全国发现该类图像总数的三分之一左右，可见汉代徐州纺织业的繁荣兴盛。

040

空心砖

秦

长 118 厘米，宽 48 厘米，厚 16 厘米

徐州博物馆藏

　　西汉楚国建筑业的资料十分丰富，发现了大量供汉代建筑使用的陶质构件，如铺地砖、板瓦、筒瓦、瓦当、排水管等，还有用于建造墓葬的空心砖和墓砖，很多建筑材料装饰几何图案或吉语文字，十分精美。空心砖是盛行于秦汉时期的建筑材料，主要用于大型建筑或墓室，狮子山楚王墓、北洞山楚王墓中都有发现。该空心砖正反两面模印菱形纹，侧面刻有"泗水乡何里孙有"铭文。

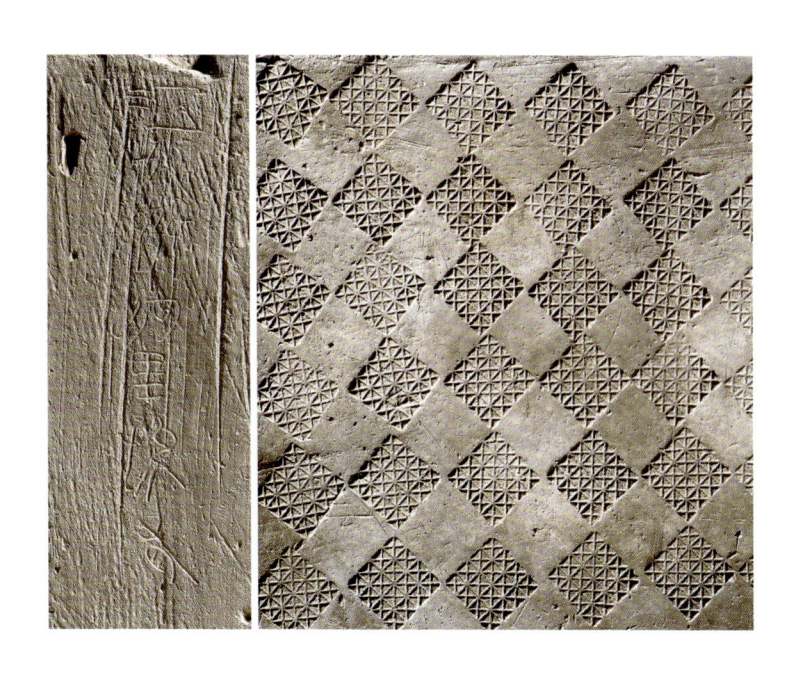

"延年"瓦当

西汉
残长 28 厘米，直径 18 厘米
徐州博物馆藏

"长乐未央"瓦当

西汉
直径 16.5 厘米，厚 2.2 厘米
徐州博物馆藏

人物建筑图拓片

东汉
宽 270 厘米，高 56 厘米

　　时光久远，汉家宫阙大多归于尘土，能让我们最为直观地了解汉代建筑之雄阔的就是当时的图像。这幅人物建筑图是徐州铜山茅村汉画像石墓中室侧壁下部的一幅图像。建筑没有采用纵向的透视，而是将几进院落从右到左铺陈开来，最前面有双阙，其后是豪宅的大门，门内三座二层建筑依次递进，侧面还有回廊相连。建筑鳞次栉比、钩心斗角，各色人等动静相宜。茅村汉墓的主人应是颇有实力的地方豪强，而王国的最高层，他们的宫殿一定更加恢宏。

铜山区利国镇有富铁矿，汉代已经开采冶炼，20世纪50年代曾在这里发现采矿和冶铁炉的遗迹。徐州汉墓中出土了大量铁质工具、兵器和生活用具，对部分器物的金相分析、检测表明，徐州地区的钢铁冶炼技术在当时居于领先水平。

龙形铁镇

汉
直径 6.4 厘米
徐州韩山疗养院 M1 出土

博山形铁镇

西汉
直径 6.4 厘米
徐州博物馆藏

错金银铁带扣

西汉
长 16 厘米，宽 7.5 厘米
徐州狮子山楚王墓出土

狮子山楚王墓内墓道两侧有三间墓室没有被盗墓者光顾，其中西侧的第 1 室出土了大量的珍贵文物，有兵器、玉器、漆器构件等，还有两条镶嵌海贝、缝缀金花蕾的腰带，腰带两端的带头是二兽食马图案的金带扣，制作十分细致精美。为了保持腰带的完整，发掘者将这一区域整取回来。在后期的清理过程中，发现了几块有织物包裹的铁块，其中一块经 X 光拍摄，得到了这张图。一副带扣有两块带板，这是其中的一块，形状和图案与同出的金带扣基本相同，只是材质为铁，采用错金银工艺将图案表现出来。这种精美的错金银铁带扣在国内还是首次发现。铁器不仅平民百姓使用，也能登大雅之堂。徐州土山东汉彭城王墓中也出有错金银的铁镜，其中一枚为错金银蟠龙纹镜，十分精美。

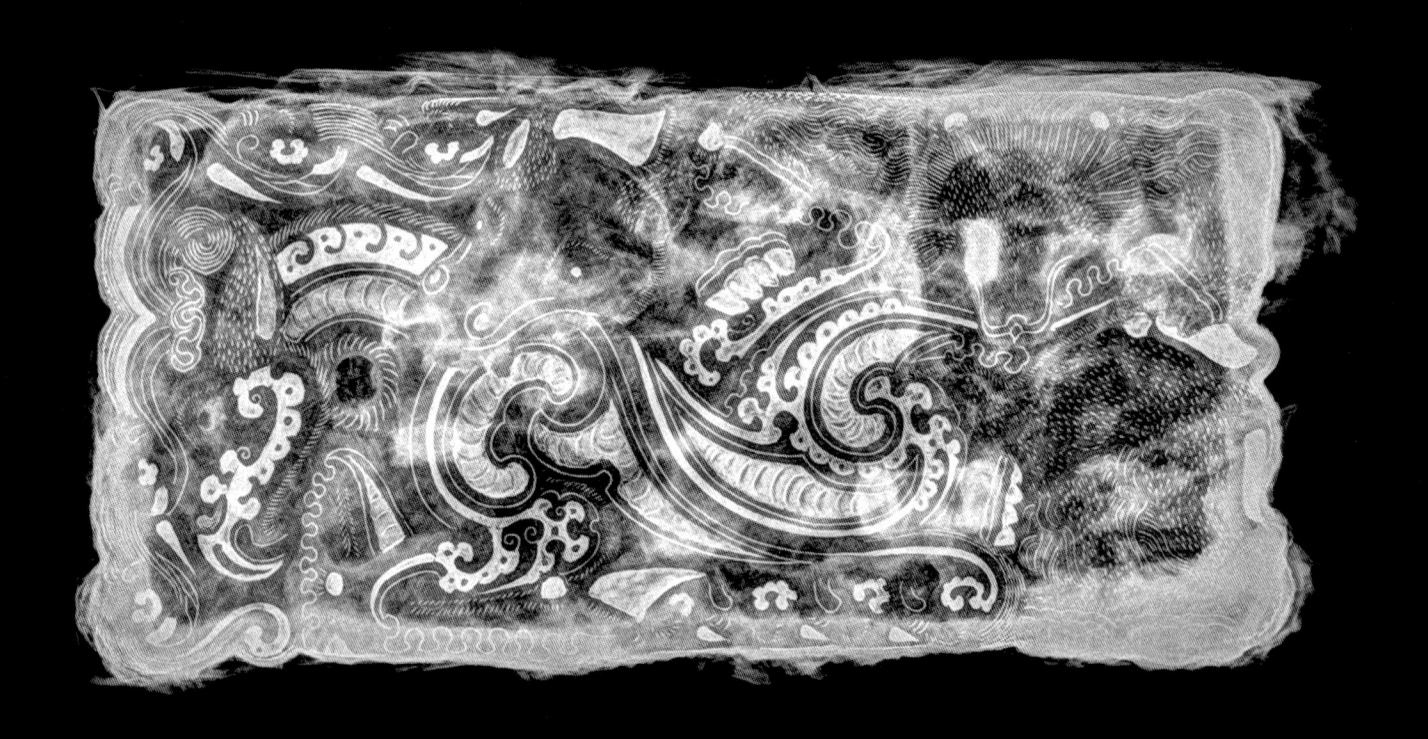

错金银蟠龙纹铁镜
东汉
徐州土山东汉彭城王墓出土

博局蟠螭纹镜范

西汉
残长 13.6 厘米，宽 11.1 厘米，厚 1.8—2 厘米，重 218.2 克
徐州博物馆藏

　　徐州博物馆曾征集了 3 件用于铸镜的陶范，据了解，这些范均出土于徐州中央百货大楼建筑工地。中央百货大楼在徐州老城范围内。因黄河等水患，古徐州城数度被淹，汉至明代的城址层层叠压。该范为镜背范，夹细砂质，呈橘黄色，范内多见灰白色细长植物灰。镜面圆形，三弦钮，钮外纹饰漫漶不清，座外双线方格，方格框中有铭文一周，其外为博局及蟠螭纹，素窄缘。镜面直径 9 厘米，缘深 0.4 厘米，型腔面深 0.1 厘米。

蟠螭纹镜范

西汉
残长 12.4 厘米，宽 11.2 厘米，厚 2.3 厘米，重 217.6 克
徐州博物馆藏

为镜背范，夹细砂质，呈黄色，范内多见灰白色细长植物灰。分型面相对较窄，型腔内呈灰色。背面较平。浇口、冒口及分型面略有缺失。镜面圆形，三弦钮，圆钮座，座外有一圈带，其外为相互缠绕的蟠螭纹，纹饰较模糊。型腔内纹饰与分型面有残缺，镜面直径9厘米，缘深0.4厘米，型腔面深0.1厘米。

鎏金边框卷云纹镜

西汉
镜直径 7.1 厘米，缘厚 0.3 厘米，镜框外径 8.8 厘米，重 57.5 克
徐州火山刘和墓出土

三弦钮，圆形钮座，座缘饰栉齿纹一周。主纹为卷云纹，其外饰弦纹与栉齿纹。素卷缘。镜嵌于鎏金铜框内，框饰绚纹两周。带鎏金边框的铜镜在徐州韩山两座西汉墓中亦有出土。

人物画像镜

西汉
直径 18.5 厘米，缘厚 0.9 厘米，重 500.8 克
徐州宛朐侯刘埶墓出土

　　伏兽形钮，兽为龟身龙首，背部有半圆形甲片，龟四足伸出，尾向右侧弯曲，龙首曲颈向后，伏于龟背之上。龟钮下饰四瓣花纹，环绕镜钮有四条腾跃游走的虺龙。主纹以博山纹间隔分为四区，每区画面分上下两排。上排有三组人物，每组以古树相间，分别为驯虎、听琴、对谒；下排以博山纹间隔二组，分别为驯豹、骑虎画面。地纹为平行线组成的菱形纹。镜背铸造、刻画物象繁多，气韵生动。

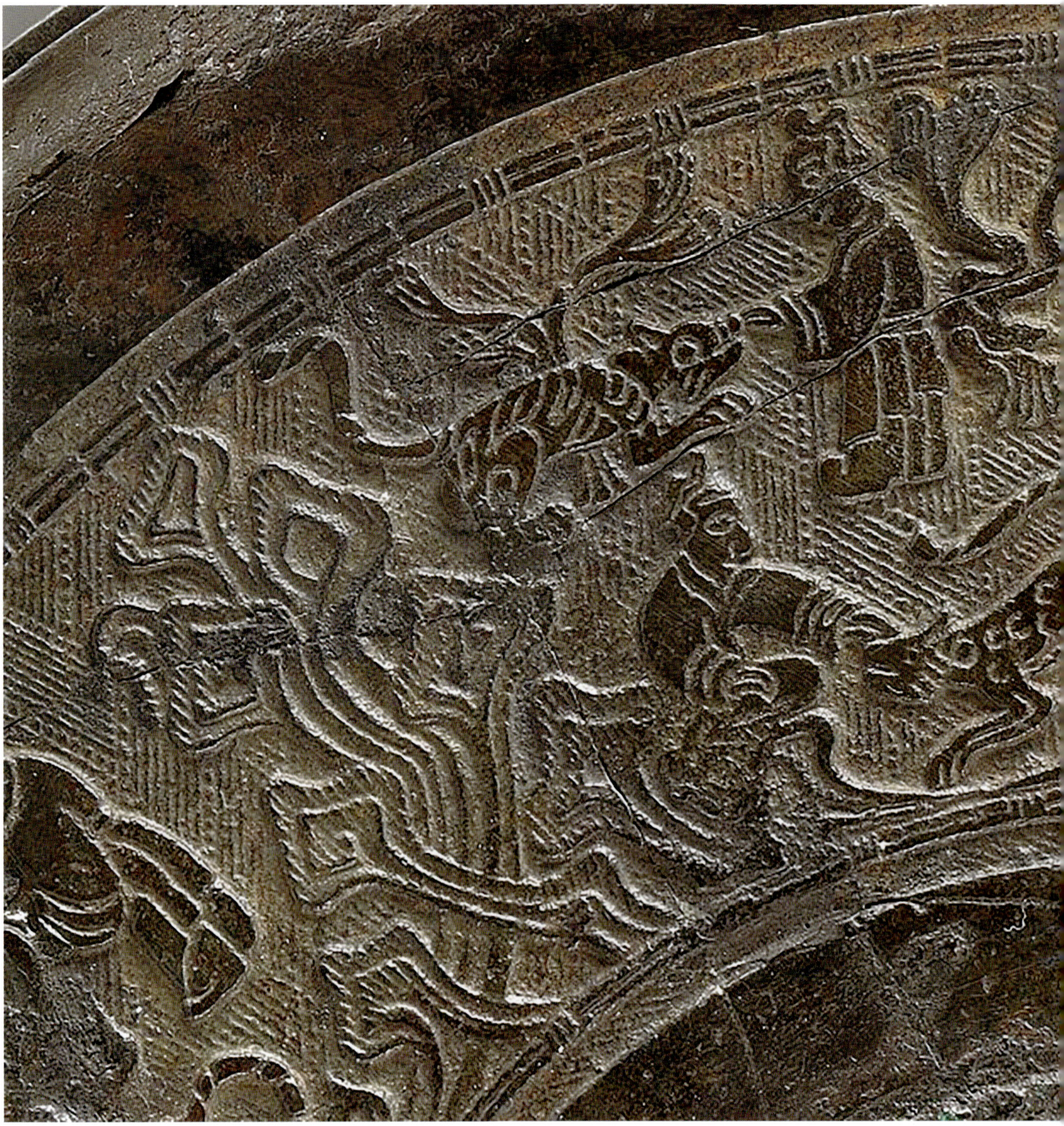

西汉早期以人物故事为主题的铜镜多为彩绘镜，是在尺幅较大的凹面圈带镜上另行彩绘纹饰图案，数量相对较少且使用者的等级较高。铸造的人物画像镜则更为稀少，该镜是目前经科学发掘出土唯一的西汉早期铸造人物画像镜。美国弗利尔美术馆收藏有一面与此镜完全相同的画像镜，刘体智《小校经阁金文》卷十六著录有一面画像镜，亦与宛朐侯墓出土的画像镜完全相同。另外，黄濬编《尊古斋古镜集景》也收有一面画像镜，形制、纹饰与宛朐侯墓画像镜相同，只是尺寸略小。铜镜是徐州地区西汉墓中最常见的随葬品之一，西汉早期楚国就有较为发达的铸镜业，宛朐侯墓出土的这面人物画像镜极有可能是在楚国当地铸造的。

四叶龙凤禽鸟镜

西汉
直径 23.5 厘米，缘厚 0.5 厘米，重 508.9 克
徐州狮子山楚王墓出土

　　三弦钮，围以凹面圈带。纹饰由主纹和地纹构成，地纹为折叠菱形云雷纹，主纹为四叶龙凤禽鸟纹。凹面宽带构成亚字形四叶图案，四叶内相间布置二龙二凤。龙张口怒目，回首后顾，呈飞腾之势。凤长喙内勾，侧首伫立，羽翅向两侧卷曲。四叶外有四鸟飞翔，鸟展翼振尾。素卷缘。该型铜镜在湖南长沙等地的战国晚期墓葬中亦有发现，是较为典型的战国楚式铜镜。

四乳双龙镜

西汉
直径 11 厘米,缘厚 0.2 厘米,重 150.8 克
徐州陶家山汉墓 M1 出土

圆钮,四瓣花钮座,围以凹面方格。四枚乳钉位于方格外正向位置。主纹为双龙,龙身躯细长,婉转盘旋,呈双 S 形,四足外张腾踏。龙首回望,怒目圆睁,阔口巨张,欲吞乳钉。十六连弧纹缘。

铜五铢钱范

西汉
长 21.4 厘米，宽 7.8 厘米，厚 6 厘米
徐州云龙山东麓出土

　　徐州发现的西汉制铜业材料十分丰富，除上文所述的镜范外，市区南部的云龙山东侧还出土了"五铢"铜钱范，北洞山楚王墓周围曾采集到汉代"半两"钱范一件，墓中出土了钱币 52 640 枚，狮子山楚王墓中钱币完整者就有 17.6 万余枚。《汉书·汲黯传》记载汉武帝改革币制时，"会更立五铢钱，民多盗铸，楚地尤甚"。河北满城中山靖王刘胜墓中有一件蟠龙纹铜壶，通体用鎏金、鎏银工艺装饰，异常精美，壶底刻有"楚大官""槽"等字。徐州土山东汉彭城王墓的封土中出西汉"楚采铜丞"封泥，山东博物馆也收藏有该印文的封泥，由此可知，西汉楚国从铜矿开采到铸钱、制镜、做器，有较为完整的制铜产业链。楚国金银器加工也较为发达，贵族墓中精美的金银制品多有发现。

琉璃杯

西汉
左：直径 8.5 厘米
右：直径 8.3 厘米
徐州北洞山楚王墓出土

　　北洞山楚王墓共出土琉璃杯 16 件，仅两件拼对复原后较完整。这两件琉璃杯杯身为筒形，平沿，直壁，平底。杯呈淡绿色，外表极为光滑且富有光泽，内壁较粗糙。从杯身截面观察，内部气孔较多，孔呈椭圆形。杯身外沿下、中部和近底部有三道箍痕，原应有金箍等饰物，可惜被盗墓者砸碎杯身取走。中国出土的古代琉璃属铅钡玻璃，早期尤多仿玉制品。这两件琉璃杯年代为西汉，是目前已知年代最早的国产玻璃容器。

石权

西汉
长 31 厘米，宽 26 厘米，高 27 厘米
徐州狮子山楚王墓出土

玉兽首

西汉
宽 5.4—11.5 厘米，高 5.8 厘米
徐州狮子山楚王墓出土

玉兽首是楚王玉枕两端的组件，用高浮雕和透雕技法雕琢而成，玉质晶莹温润。瑞兽阔鼻、大口、长眉，双目圆睁，眼球中央浅浮雕出圆形的瞳孔，卷曲的双角从两耳后绕出，额部高浮雕冠状饰。构图复杂而严谨，线条流畅而生动，把瑞兽刻画得既威严又无恐怖感。

战国晚期至西汉早期，玉器雕琢工艺有了极大的进步，高浮雕、透雕等技法高度发展，玉容器的掏膛工艺日臻成熟，器物造型、纹饰较前代为之一变。出现这种现象，与管钻工具的改变及管钻工艺的日益精湛密切相关。对狮子山楚王墓出土玉兽首局部的微痕观察表明，玉器的减地采用多次管钻叠压递进的方式进行，部分管钻的直径仅 2.2 毫米左右，壁厚只有 150 余微米，如此细薄的管钻，其质地很可能是铁质。正是由于铁质制玉工具的普及，我们才能看到管钻在各类玉器上的广泛运用，狮子山楚王墓出土的双龙首玉带钩等玉器上甚至出现"滥用"情况。

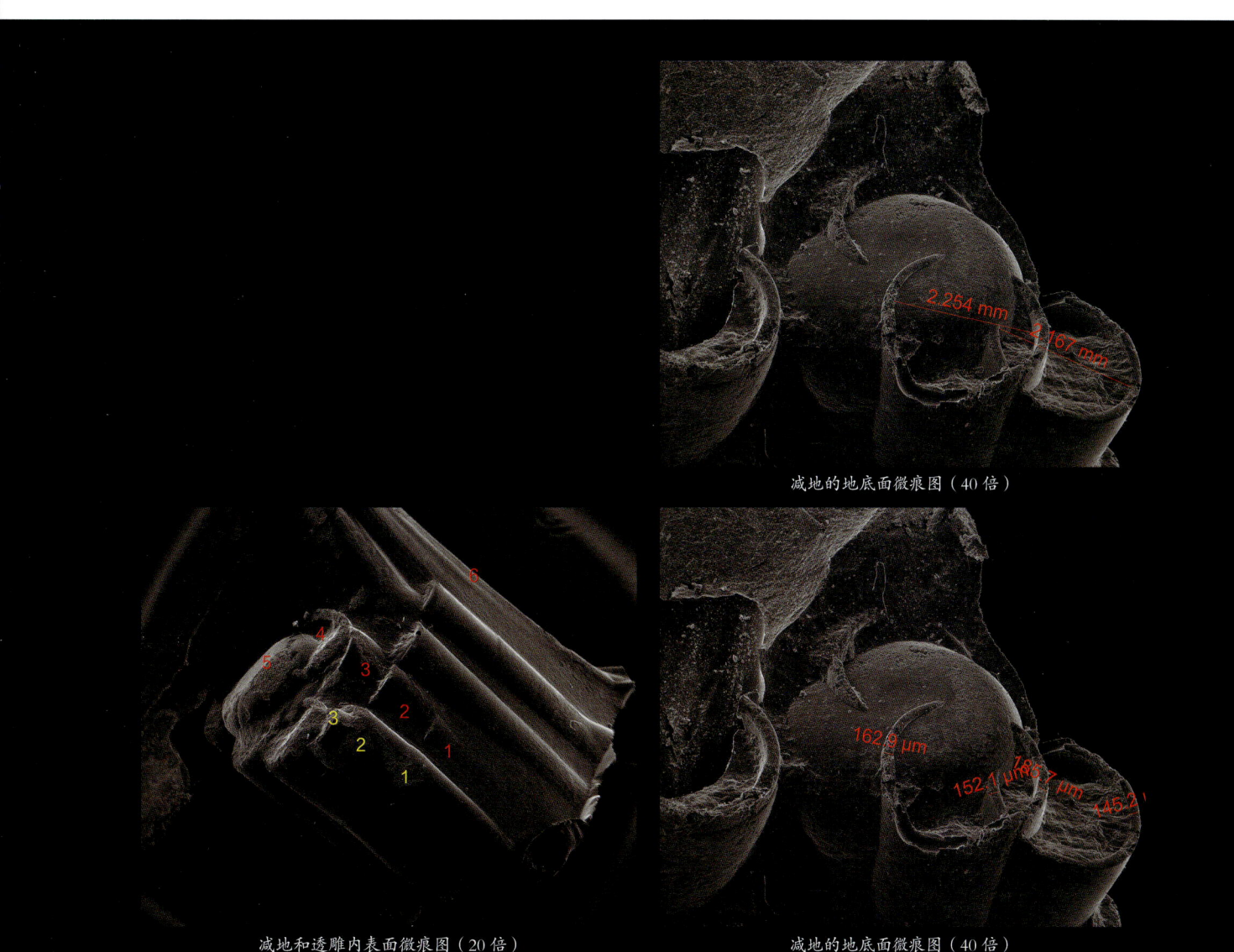

狮子山楚王墓出土玉兽首（管钻痕迹）

减地的地底面微痕图（40 倍）

减地和透雕内表面微痕图（20 倍）

减地的地底面微痕图（40 倍）

第二单元

同制京师

　　西汉早期诸侯王国实力强大,"大者夸(跨)州兼郡,连城数十,宫室百官同制京师"(《汉书·诸侯王表》),封国的制度与职官参照汉帝国中央之制,此时也是楚国最为辉煌的时期。楚国有着一套完善的官僚体系,包含宫廷官员、下属诸县官员和军队将官等,诸多官职都可与《汉书·百官公卿表》相对应。汉初的楚国经济基础好、政治地位高、军事力量强,有较大的影响力。以彭城为中心的楚国扼南北之要冲,兵家必争之地养成了楚地彪悍的民风,也造就了强大的楚国军事力量,狮子山楚王墓的陪葬兵马俑军阵就是其军事实力的体现。同姓诸侯王实力强大,渐成尾大不掉之势,皇权着力削藩,景帝前元三年(公元前154年),削藩的诏书到了楚国,楚国只保留了彭城、吕、留、偪阳、武原、梧、甾丘七县。至景帝中元五年(公元前145年),诸侯国职权及官制被损黜,诸侯王不再治民,楚国的巅峰时刻结束了。

信印百官

　　徐州西汉楚王墓中出土了众多印章、封泥，其中狮子山楚王墓出土印章近200方、封泥80多枚，土山汉墓的封土中出土封泥4000余枚，为研究楚国官僚体系及军事武备提供了不可多得的资料，再现了汉代封国的官制与权力运作方式。陶俑作为汉代贵族墓葬中必不可少的随葬品，在徐州汉代陵墓中多有发现，特别是狮子山、北洞山等楚王墓及陪葬坑中发现了大量的俑，这些俑因在墓葬中所处的位置及与其他器物组合的不同，也有着不同的功用，形成了从官僚到仆从的庞大体系。

北洞山楚王墓彩绘俑出土现场

陶官吏俑

西汉
高 54 厘米
徐州羊鬼山陪葬坑出土

彩绘陶宦者俑

西汉
左：高54厘米
右：高55厘米
徐州北洞山楚王墓出土

北洞山楚王墓墓道门阙内，两侧布置七个龛室，以一门为界，南侧对称布置六龛，北侧一龛，各龛内均放置数量不等的彩绘陶俑。按照该墓的形制推断，阙后此门象征着宫门，宫门内的壁龛所出彩绘陶俑均无胡须，是宦者形象。西汉时，宦者的使用相当普遍，不仅诸侯王使用宦官，列侯一级的贵族家中也可以使用。长沙马王堆一号墓中出土了"冠人"俑，高明先生认为"冠人"即"倌人"，"倌人"指小臣或内小臣，是阉士。马王堆三号墓遣策中记录："宦者九人，其四人服牛车。"霍光在废黜刘贺时，"（刘贺）入朝太后还，乘辇欲归温室，中黄门宦者各持门扇，王入，门闭，昌邑群臣不得入"。这些宦者居则宿卫，直守门户，出则骑从，夹乘舆车。

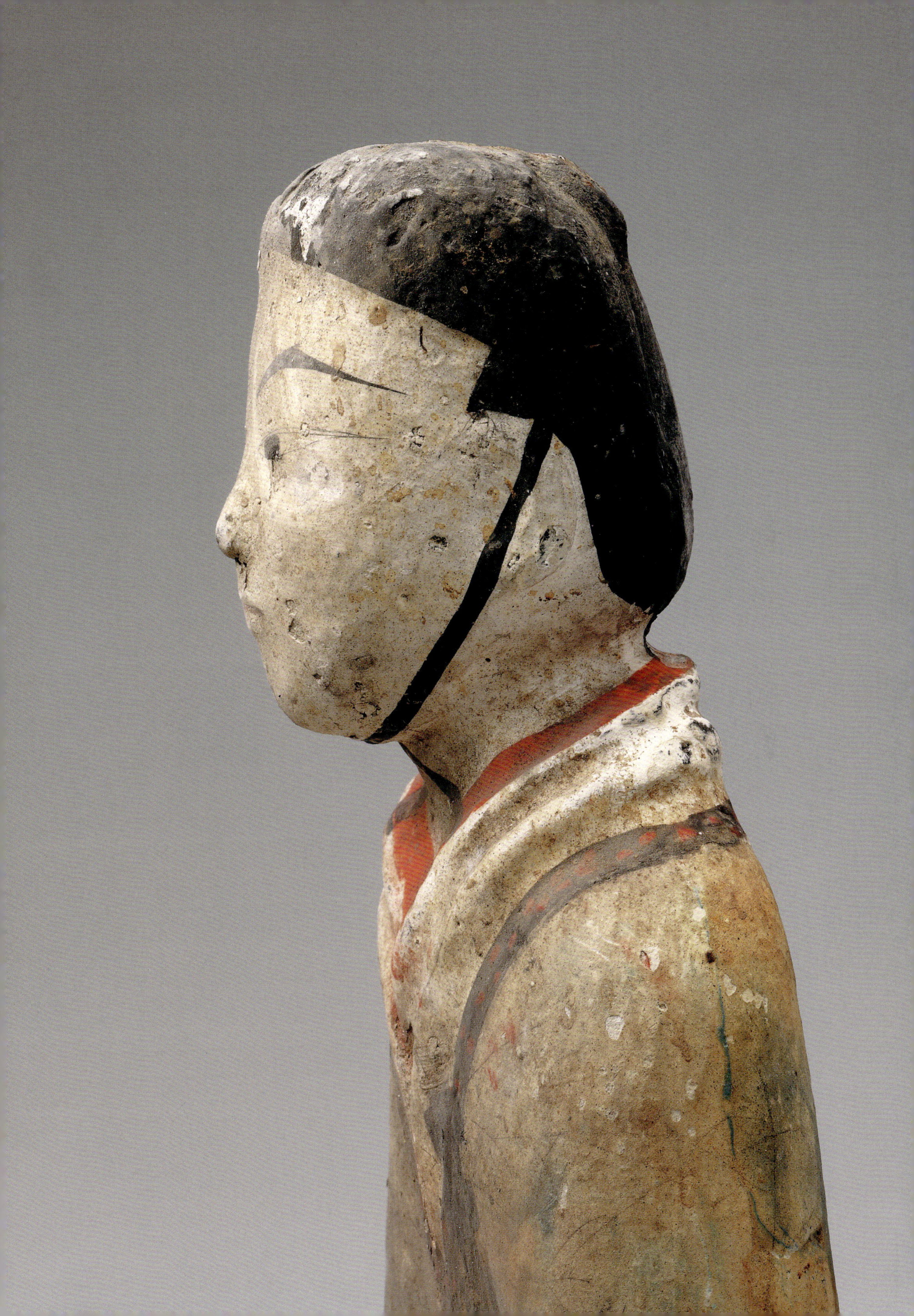

"郎中"俑

西汉
高 50 厘米
徐州北洞山楚王墓出土

"郎中"俑

西汉
高 50 厘米
徐州北洞山楚王墓出土

"中郎"俑

西汉
高 50 厘米
徐州北洞山楚王墓出土

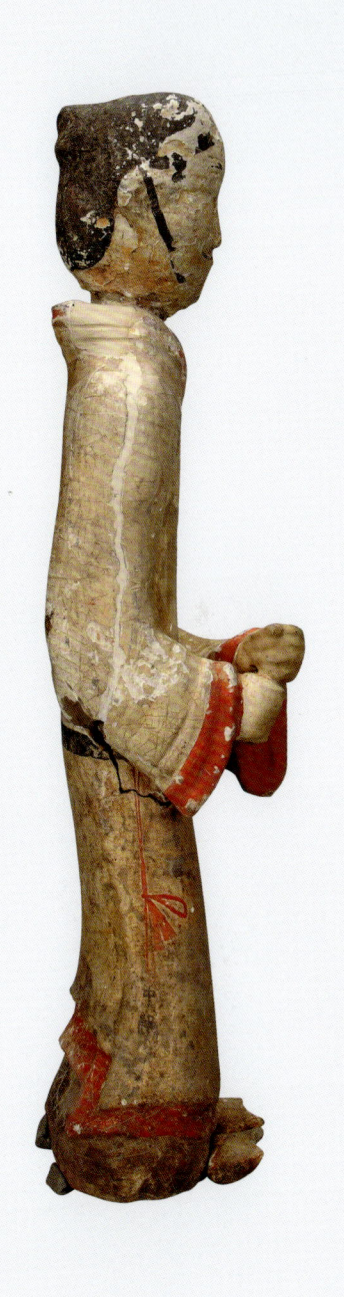

　　北洞山楚王墓墓道南侧的六个小龛内，有相当数量陶俑所佩继带下端画有半通印，印文多为"郎中"，个别为"中郎"。"郎中"即廊中，廊是指官廷之廊，秦国设郎中令，"掌官殿掖门户"，负责保卫官廷的安全。汉承秦制，也设郎中令一职，位列九卿，其所属郎官有议郎、中郎、侍郎、郎中等，汉朝宫廷中的郎官规模庞大，多至千人以上。中郎秩比六百石，郎中比三百石，属于中下层官吏，"郎掌守门户，出充车骑"，职责主要是护卫宫廷和保证皇帝等人的出行安全。郎官虽品秩不高，但位置重要。郎本是武职，韩信在项羽军帐时"官不过郎中，位不过执戟"。西汉时有较多的文职人员加入其中，成为皇帝或者王国的幕僚，楚元王刘交的后人刘向、刘歆都曾为郎官。

"刘注"银印

西汉
印面边长 2.1 厘米，通高 1.7 厘米，钮高 1 厘米
徐州龟山楚襄王刘注墓出土

龟钮，方形印台。印面阴刻篆书"刘注"二字，字体浑厚古朴。刘注为西汉第六代楚王，谥号襄王。该印为刘注私印，是徐州众多西汉楚王墓中唯一出土的楚王名章。

"宛朐侯埶"金印

西汉
印面边长 2.3 厘米，通高 1.7 厘米，钮高 1.45 厘米
徐州宛朐侯刘埶墓出土

龟钮，方形印台。钮与台间有圆形穿孔。篆书"宛朐侯埶"四字，笔势匀称，结体端正。刘埶为西汉楚元王刘交之子，高祖刘邦之侄，景帝时被封为宛朐侯。宛朐故城在今山东菏泽市西南。公元前 154 年，刘埶参与吴楚"七国之乱"，失败后国除。汉印一般有官印和私印两种，该印同时含官职和人名，在出土的汉代玺印中较为少见。

"楚都尉印"银印

西汉
印面边长 2.3 厘米，通高 1.7 厘米
徐州狮子山楚王墓出土

龟钮，方形印台。据《汉书·百官公卿表》记载，都尉由秦郡尉演变而来。《汉官解诂》中记载："都尉将兵，副佐太守。言与太守俱受银印部符之任，为一郡副将，然俱主其武职，不预民事。"

"楚骑尉印"银印

西汉
印面边长 2.3 厘米，通高 1.5 厘米
徐州狮子山楚王墓出土

龟钮，方形印台。骑尉未见记载，学者认为"骑尉"是"骑都尉"的省称。骑都尉在《史记》《汉书》中多有记载，飞将军李广即曾"拜为骑都尉"。此印表明西汉楚国也设置有骑都尉，印章为银质，表明其官秩达二千石。

"楚骑千人"铜印

西汉
印面边长 2.1 厘米，通高 1.7 厘米
徐州狮子山楚王墓出土

　　印为铸造，桥形钮，印台方形，印文为篆书"楚骑千人"。"楚骑千人"为楚国军队中直接统兵之官，秩六百石。

"楚司马印"铜印

西汉

印面长 2.2 厘米，宽 2.1 厘米，通高 1.7 厘米

徐州狮子山楚王墓出土

印为铸造，桥形钮，印台近方形，印文为篆书"楚司马印"。狮子山楚王墓出土铜印近 200 方，涉及楚国宫廷职官、军队职官和王国属县职官。"楚司马"为楚国军队职官，当是都尉属下，主管军政。《汉书·吴王濞传》记载，吴初起兵，在尚未渡过淮水之际，吴王的"诸宾客皆得为将、校尉、行间候、司马"。由此可知，诸侯王国中的"司马"是军中地位较低的直接统兵之官。

"楚候之印"铜印

西汉

印面长 2.2 厘米，宽 2.1 厘米，通高 1.7 厘米

徐州狮子山楚王墓出土

　　印为铸造，桥形钮，印台近方形，印文为篆书"楚候之印"。"楚候"与"楚司马"一样，为楚国军队中直接统兵之官，地位较低。《秩律》中记载："中候、郡候、骑千人、卫将军候、卫尉候，秩各六百石。"狮子山楚王墓出土"楚候之印"近百方，体现了楚国当时拥有雄厚的军事力量。

"楚武库印"铜印

西汉
印面边长 2.2 厘米，通高 1.3 厘米
徐州北洞山楚王墓出土

鼻钮，方形印台。印文为篆书"楚武库印"。"楚武库印"系管理楚国武库的官员用印。

"楚御府印"铜印

西汉
印面边长 2.2 厘米，通高 1.3 厘米
徐州北洞山楚王墓出土

鼻钮，方形印台，篆书"楚御府印"。西汉朝廷设少府，辖御府令丞，掌管钱帛和各种服具的出纳。汉初王国"宫室百官同制京师"，该印为楚国御府用印。

"楚祠祀印"铜印

西汉
印面边长 2.1 厘米，通高 1.7 厘米
徐州狮子山楚王墓出土

鼻钮，方形印台，篆书"楚祠祀印"。楚祠祀为楚国宫廷职官，专司宗庙祭祀事务，此印应是楚祠祀用印。

"楚邸"铜印

西汉
印面长 2.2 厘米，宽 1.3 厘米，通高 1.2 厘米
徐州北洞山楚王墓出土

鼻钮，长方形印台，篆书"楚邸"。"楚邸"是楚王设在京师长安的宅邸。西汉末，王莽为安汉公，权倾朝野，《汉书·王莽传上》记载，他"以楚王邸为安汉公第，大缮治，通周卫"。

"文阳丞印"铜印

西汉

印面边长 2.1 厘米,通高 1.7 厘米

徐州狮子山楚王墓出土

  印为铸造,桥形钮,方形印台,印文为篆书"文阳丞印"。文阳即汶阳,汉县名,曾为楚国属县,归薛郡管辖。薛郡,秦朝时设置。楚国的薛郡仅包括秦朝薛郡的中部和南部。高后时,曾分楚国薛郡设置鲁国。文帝前元元年(公元前 179 年),鲁国除,薛郡重新归楚国管辖。景帝前元三年(公元前 154 年)三月,"七国之乱"平定后,以薛郡置鲁国,景帝徙封其子刘余为鲁王。该印是楚国属县文阳县丞用的官印。

"凌之左尉"铜印

西汉
印面边长 2.1 厘米，通高 1.4 厘米
徐州北洞山楚王墓出土

鼻钮，方形印台，阴文篆书"凌之左尉"。凌，汉县，故址在今江苏泗阳县西北。该印为凌县左尉官印。

"萧之左尉"铜印

西汉
印面边长 2.1 厘米，通高 1.5 厘米
徐州北洞山楚王墓出土

鼻钮，方形印台，篆书"萧之左尉"。萧，汉县，故城在今安徽萧县西北，该印为萧县左尉官印。

"山桑丞印"铜印

西汉

印面边长 2.2 厘米，通高 1.5 厘米

徐州北洞山楚王墓出土

　　印为铸造，桥形钮，方形印台，印文铸成篆书"山桑丞印"，有使用痕迹。山桑原是楚国属县，汉初属沛郡，故城在今安徽蒙城县北。该印是山桑县县丞用的官印。

"缯丞"铜印

西汉
印面高 2.1 厘米，宽 1.2 厘米，通高 1.3 厘米
徐州北洞山楚王墓出土

鼻钮，长方形印台。篆书"缯丞"二字。缯，汉县，故城在今山东兰陵县西北。该印为缯县县丞所用官印。

"楚中尉印"封泥

西汉
长 2.8 厘米，宽 2.7 厘米，厚 1.1 厘米
徐州狮子山楚王墓出土

狮子山楚王墓出土封泥 80 余枚，分别出土于内墓道、西侧第 1 耳室和第 2 耳室、东侧第 1 耳室。封泥上的官职可分为楚国宫廷职官、军队职官、属县职官等。这些封泥是缄封随葬品的信物。"楚中尉印"约 10 枚，均出土于西侧第 1 耳室。《汉书·百官公卿表》载："中尉，秦官，掌徼循京师，有两丞、候、司马、千人。武帝太初元年更名执金吾。""楚中尉"系楚国军队中管理武备的最高官员。

"兰陵丞印"封泥

西汉
长 2.5 厘米，宽 2.5 厘米，厚 0.8 厘米
徐州狮子山楚王墓出土

兰陵是景帝前元三年（公元前 154 年）削藩前的楚国属县，归东海郡管辖，故城在今山东兰陵县西南。"兰陵丞印"封泥系兰陵县丞缄封送给楚王礼品的信物。北洞山楚王墓也曾出土一方印文为"兰陵丞印"的铜印。

"吕丞之印"封泥

西汉
长 2.5 厘米，宽 2.3 厘米，厚 0.7 厘米
徐州狮子山楚王墓出土

该封泥印文为"吕丞之印"。吕原为楚国属县，归彭城郡管辖。"吕丞之印"是吕县县丞所用的官印。

"萧丞之印"封泥

西汉
长 2.6 厘米，宽 2.3 厘米，厚 1.1 厘米
徐州狮子山楚王墓出土

该封泥印文为"萧丞之印"。萧原为楚国属县，归彭城郡管辖。"萧丞之印"是萧县县丞所用的官印。

崇文尚武

刘交好书，多才艺，并著有《元王诗》。刘交一脉在宗室中可谓尊儒崇文的典范，及至百余年后，其后人刘向、刘歆仍在诗文上颇有建树，有很大的影响力。战国以来，彭城是各诸侯国争夺较为激烈的地区，频繁的战乱养成了这里的彪悍民风和尚武精神。以楚王为代表的西汉贵族，无不将兵器作为其墓葬中重要的随葬品。这些兵器包括防护兵器、远射兵器、长兵器、短兵器等。通过对这些与武备相关的文物的研究，我们不但找到了兵马俑军阵中兵士的装备，还发现西汉初期楚国的兵器制作已经走在了时代的前列。从汉代图像中，也可领略到那时的习武风尚。

狮子山楚王墓兵器出土现场

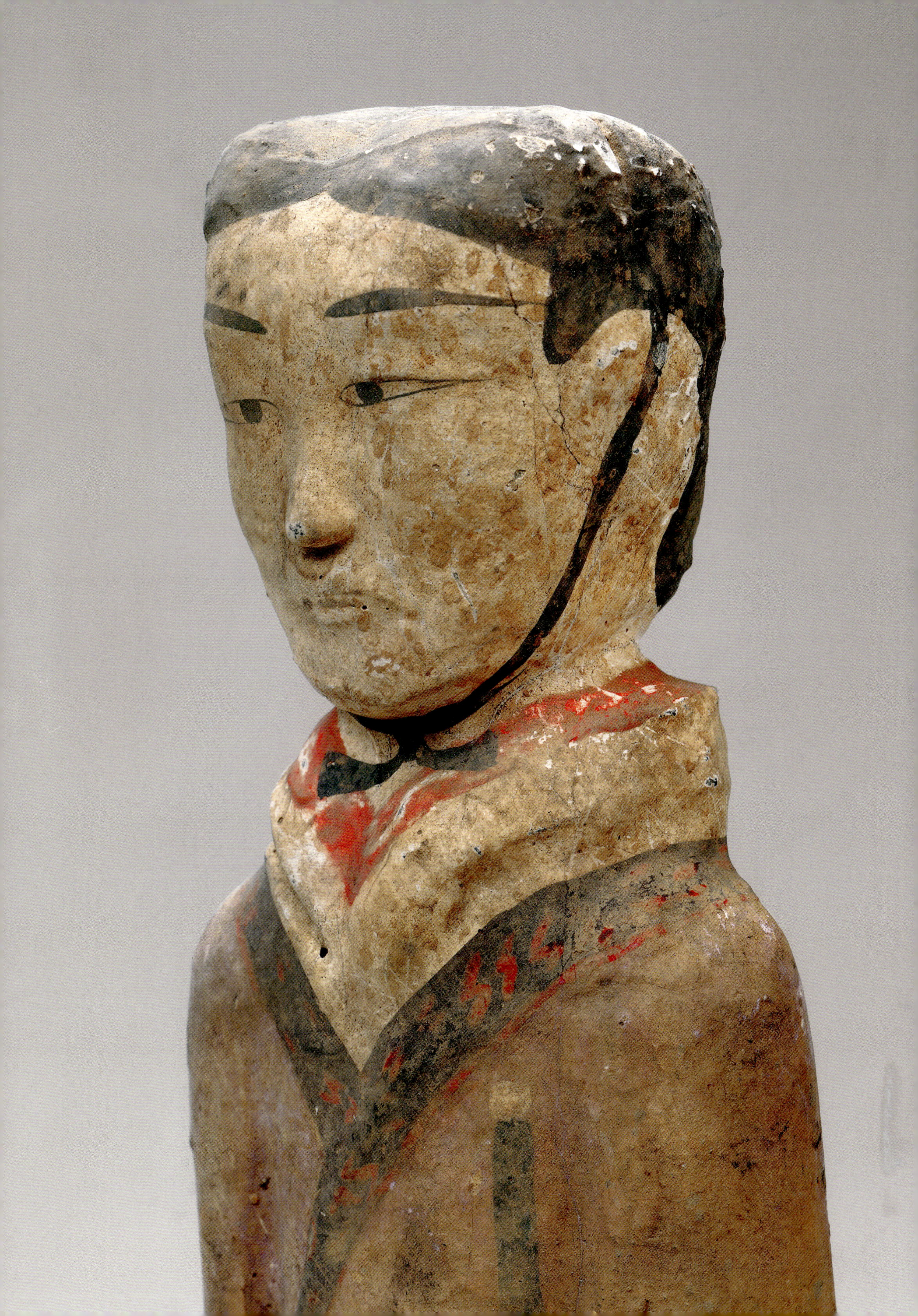

陶执兵俑

西汉
高 48.5 厘米
徐州羊鬼山陪葬坑出土

在狮子山楚王墓东区羊鬼山的一座陪葬坑中出土 100 余件陶执兵俑，均为站立姿。俑额发中分，后梳螺髻，面部丰满，鼻部直挺，五官比例恰当，表情自然。身着三重深衣，交领右衽，领端饰红彩，袖口反卷，外衣垂至膝踝间，腰束带。右臂下垂半握拳，左臂弯曲向前，手中有贯通的圆孔，应握有木质械具，已腐朽无存。俑下身着肥裤，足蹬齐头平底靴，整体给人以干练之感。

螺髻是西汉时期典型的女性发式，俑的动作却与部分手持长兵器的男兵俑相同，在坑内陶俑北侧发现了大量明器铜戈、戟，推断这类俑应是女执兵俑。汉代女执兵俑较为少见，出土时女执兵俑的坑中共出男仪卫俑、女侍俑、车马俑等，说明这批女执兵俑护卫王后宫闱的同时，在王后出行时也可作为仪仗的组成部分。

087

错金银鸟形饰铜戈

西汉
戈：长28厘米，宽16.5厘米
鸠鸟：长8.7厘米，宽2.7厘米
镈：长11.5厘米
徐州翠屏山刘治墓出土

089

错金银嵌绿松石铜矛

西汉
长15.4厘米，宽2.5厘米，骹径2.4厘米
徐州狮子山楚王墓出土

铜矛

西汉
矛：长 20.8 厘米，宽 3.2 厘米，骹径 2.6 厘米
银镈：直径 2 厘米，高 13.7 厘米
徐州狮子山楚王墓出土

铜矛出土于西面第 1 侧室。矛前锋弧尖，矛身起脊，截面为菱形，骹呈椭圆筒形，骹口凹成弧形。一侧铸有耳，用以系缨。矛体及骹上饰兽面纹。木柲已朽毁，柲下套有银质圆筒形镈。整件兵器通长 216 厘米。

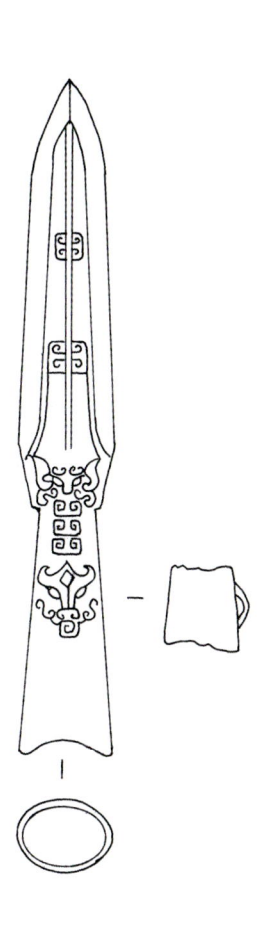

铜戟

西汉
左：长 33.5 厘米，宽 27.2 厘米
右：长 53 厘米，宽 30 厘米
徐州狮子山楚王墓出土

两件铜戟出土于该墓西侧的第 1 室，与镈同时出土。尺寸较大的戟援上昂，起中脊，上刃微弧，下刃三度弧曲，形成两个锋尖。胡部有四穿，内呈刀形。尺寸较小的戟援上昂，下刃有一个锋尖，近栏处开一梯形穿。铜戟援和内结合处装有鎏金铜质柲帽，截面为椭圆形，上口平封，柲帽与戈之间用织物捆扎。木柲上端插入帽内，下端为长筒形鎏金铜镈，底内凹，中部起棱。狮子山楚王墓共出土这种形制的铜戟 5 件，通长 303—330 厘米。因其形呈鸡鸣状，又称"鸡鸣戟"。

093

铜铍

西汉
长 33—51.6 厘米
徐州狮子山楚王墓出土

　　铜铍出土于西面第 1 侧室，有大、中、小三种形制，均由铍头及鞘、柲、镈三部分组成。有的铍锋前窄后宽，前端弧收，中间起脊，前锋弧锐。一字形格，断面呈菱形，格后接细茎。铍头的鞘已朽毁，仅存鎏金铜帽及鞘口的铜饰件。有的铍从上有两条点状装饰条带，铍鞘鞘口为锯齿状，中齿稍长。格的一侧有一小圆钮用来系缨。铍下接木质柲，已朽毁，柲下端套镈。镈为圆筒形，中有箍节，表面鎏金。这种铍兵器，从铍头到镈末总长约 253 厘米。

铜弩机

西汉
宽 19.3 厘米，高 14.7 厘米
徐州宛朐侯刘埶墓出土

　　弩机上部有廓，廓面中间有箭槽，侧面前后各有一横穿孔，以键将悬刀、望山、牙、钩心等贯穿，前键为木质，后键为铁质。钩心和悬刀锈蚀黏结。原木臂已失，廓上留有朽木的痕迹。廓面、望山及悬刀上有错金卷云纹饰。

环首铁刀

西汉
左：刀长 98 厘米，宽 3 厘米，环宽 5 厘米
右：刀长 97 厘米，宽 3 厘米，环宽 5 厘米
徐州狮子山楚王墓出土

　　铁刀锈蚀较重，环首，直背，刃顶部弧形。这两件铁刀与同出的其他铁刀形制相似，唯长度稍异。较之青铜兵器，铁兵器有着天然的优势。西汉前期，汉王朝基本完成了兵器的铁器化，极大提升了士兵的战斗力。环首铁刀是兵士近战常用的兵器，西汉名将陈汤曾说："夫胡兵五而当汉兵一，何者？兵刃朴钝，弓弩不利。今闻颇得汉巧，然犹三而当一。"（《汉书·陈汤传》）狮子山楚王墓中还出土了卜字形铁戟。

铁剑柄

西汉
长 33.7 厘米，宽 5 厘米
徐州狮子山楚王墓出土

狮子山楚王墓内墓道西 1 室北侧堆放着两捆铁剑，共 25 件。剑长约 125 厘米，皆有鞘，夹纻胎。剑柄后端有菱形铜剑首，柄与剑身之间也有铜质菱形剑格。柄呈扁管状，内部是呈菱形截面的铁铤，铤外以丝线编织缠绕而成，编织纹理清晰。这件剑柄保存较好，对于了解当时剑柄的形状和丝缂的编织方法有重要的参考价值。

剑柄局部情况

铁剑出土现场

玉戈

西汉
宽 17.2 厘米，高 11.2 厘米
徐州狮子山楚王墓出土

　　玉戈出土于西侧第 4 室门道北侧的扰土中，质地细腻，色泽温润。玉戈短援，长胡，胡刃上有一棘刺，刃厚 0.35 厘米。阑侧三穿，方形内，内上有一横三角形穿孔，内上角做一缺弧。援及胡部主体饰以浅浮雕的勾连云纹。援上、下刃部内侧有阴刻双线边框，框内阴线刻小 S 形纹。间部用阴线细刻成六个大的 S 形纹。援、胡之下透雕一只异常凶猛的螭虎。螭虎怒目张口，利齿外露，背有毛羽三缕，丰臀，尾上卷，呈奔走状。玉戈主体两面纹样相同，而戈内两面纹样有差异。一面浅浮雕猛虎，虎昂首张口长啸，利齿尖耳，肢体随戈内穿孔形状呈 U 形卷曲回环。另一面则浅浮雕朱雀纹饰，朱雀直颈挺首，有后斜的羽冠，凸额圆睛，钩喙开张，长尾披垂，双爪上扬。整件玉戈造型别致，纹饰精美，动物形象生动传神，堪称西汉玉雕艺术品中的上乘佳作。

　　戈是一种攻击性兵器，多以铜、铁等铸成。商周时期常见以玉制作的戈，作为非实用性的礼兵器，器形和装饰都较为简单。到了汉代，玉戈较少见，仅山东曲阜九龙山西汉鲁王墓、江苏盱眙大云山江都王墓等有所发现，然其玉材、造型、纹饰等都不能与狮子山楚王墓出土的这件玉戈媲美。

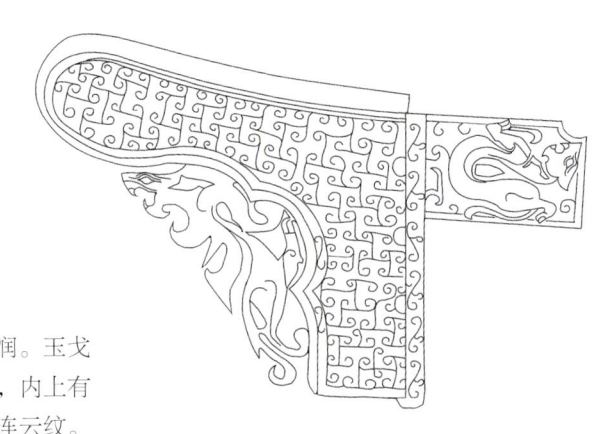

楚兵争锋

西汉初期，诸侯王国在维护刘氏政权方面发挥了积极作用，如淮南王英布叛乱时，曹参"以齐相国从悼惠王将兵车骑十二万人，与高祖会击黥布军"，楚国丞相泠耳领军坚守彭城，为平叛赢得了时间。西汉早期楚国军队情况，除了从一些军事职官的印章、封泥得以窥见，更为直观的是狮子山兵马俑军阵。从兵马俑军阵和其他相关的出土文物分析，楚国在当时军事变革进程中既有先进的一面，也有相对保守的地方。公元前154年，吴、楚等国叛乱，周亚夫建议景帝："楚兵剽轻，难与争锋。愿以梁委之，绝其粮道，乃可制。"景帝采用这一策略迅速平定了叛乱。吴楚七国之乱后，诸侯王失去了军队控制权，楚国也不例外。

狮子山楚王墓兵马俑出土情况

狮子山兵马俑坑位于狮子山楚王墓西400米处，1984年12月发现，是由四座俑坑组成的兵马俑军阵。兵马俑向西列阵，由左、中、右三军和一条南北向后卫俑坑组成。三条东西向兵俑坑是主力阵容，兵种为步兵和车兵。步兵多位于前端，有的戴有头盔、身披铠甲，有的身着战袍、头梳发髻。他们或单手执兵器，或双手持长械，或身背箭箙、手持长弓。车兵多位于兵阵的中、后部，由坐式武士俑和驭手俑组成。指挥机构居于一号坑中部，两骖两服，战马高昂其头，神骏雄健，拉着一辆战车，战车为木质漆车，仅存朽痕。清理的一、二、四号坑出土兵马俑2300余件。三号坑位于最南端，保留了原状，没有进一步清理。

陶骑马俑

西汉
通高 59 厘米
徐州狮子山兵马俑坑出土

陶马体形健硕，额头上鬃毛呈圆形，双眼暴突，鼻翼鼓张，双唇微合，唇后有一圆形孔贯通两侧，似为装衔之用。马身脊背微凹，臀部宽厚，前腿直立，后腿稍曲，马尾下垂，梢部挽结。一武吏跨骑于马背上，脸部五官较平，表情威严，头发中分拢于脑后。上身着双层右衽交领衣服，双臂下垂，小臂处断残。武吏下身与马身塑为一体，马腹两侧塑有裤纹折痕，小腿下垂于马身之外，着长筒战靴，一副刚毅威猛的模样。马腹部刻有"衣驹"二字，表示这组兵俑只穿普通的战衣，未着重甲，以示与身着铠甲的骑兵有别。

101

陶驭手俑

西汉
高约 28 厘米
徐州狮子山兵马俑坑出土

跽坐驭手俑直腰端坐，上臂下垂，前臂平伸，右手握拳中空，左手掌心向下半握，状似握住缰绳，右手持鞭，似在驭车。这种陶俑与秦始皇陵二号铜车马上的驭手俑形象非常相似，应为战车上的驭手俑。俑的头部和身躯分开烧制，颈部下端做成圆锥体，正好插入身躯事先留出的孔内。俑身原有彩绘已全部脱落。

103

陶跽坐甲胄俑

西汉
高 25.5 厘米
徐州狮子山兵马俑坑出土

跽坐甲胄俑头戴风字形盔，盔檐垂至双肩，仅露出面部，头盔形制与狮子山楚王墓出土的铁胄相同。面部嘴、眼、眉、鼻塑造清晰，形态逼真。陶俑内穿宽袖长襦，外罩短袖齐膝甲，长襦垂地遮足，身后背有箭箙。右手握拳，手心有直径 1.2 厘米的圆孔，手中原应持物。左手半握，拳头中空较大，手中原应持有长兵器。俑身原施有彩绘，仅残留部分痕迹。盔顶有点状装饰，局部饰短带纹。这些跽坐甲胄俑的头、身采用前后合模制成，然后再粘接双臂，俑体两侧留有明显的接痕。此类俑当是车士俑，他们与跽坐驭手俑同为一组，摆放稠密，排列有序，共 22 排，每排 8—11 个不等，代表的应是一个军阵。驭手俑和车士俑的出土也表明，车兵是早期楚国军队的重要组成部分。

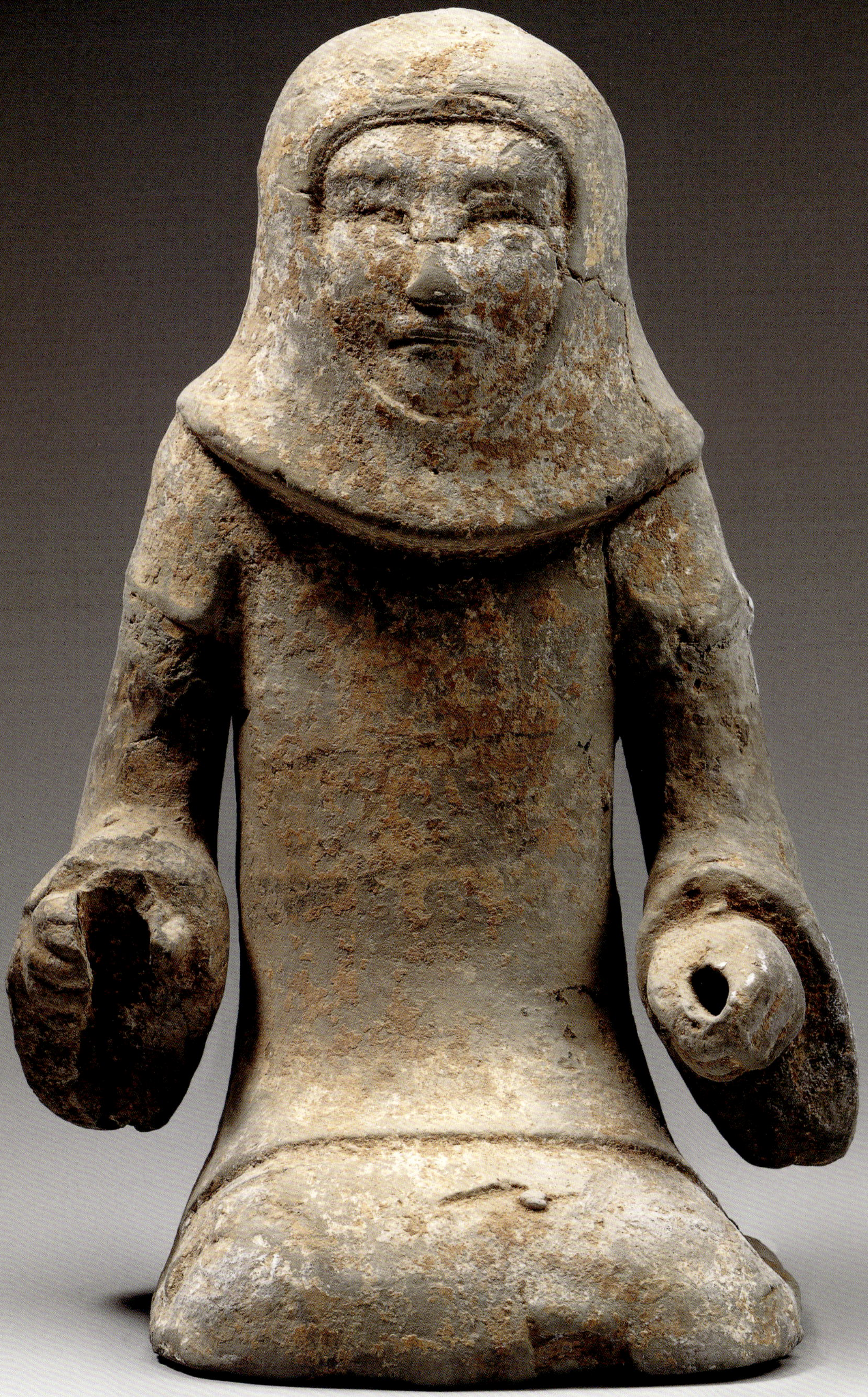

陶执兵俑

西汉
高约 42.5 厘米
徐州狮子山兵马俑坑出土

　　狮子山兵马俑坑出土的站立执兵俑面部上宽下窄，鼻子隆起，双眼正视前方，肃穆而立。陶俑头发中分，向后梳理，戴平顶盔，上穿双层紧袖长襦，下垂至膝，内襦下摆两侧各有三角形裾下垂，裾多绘红色。长襦外罩齐腰圆领甲衣，下摆至臀。下着长裤，扎行口，脚蹬圆头平底靴。双手共执于胸前，拳心有上下贯通的圆形孔，原应执有长械。这类陶俑有的还背负箭箙，属步兵俑，反映了当时楚国步兵的形象和装备情况。

107

陶持盾执兵俑

西汉
高 44 厘米
徐州万寨丁万河工地出土

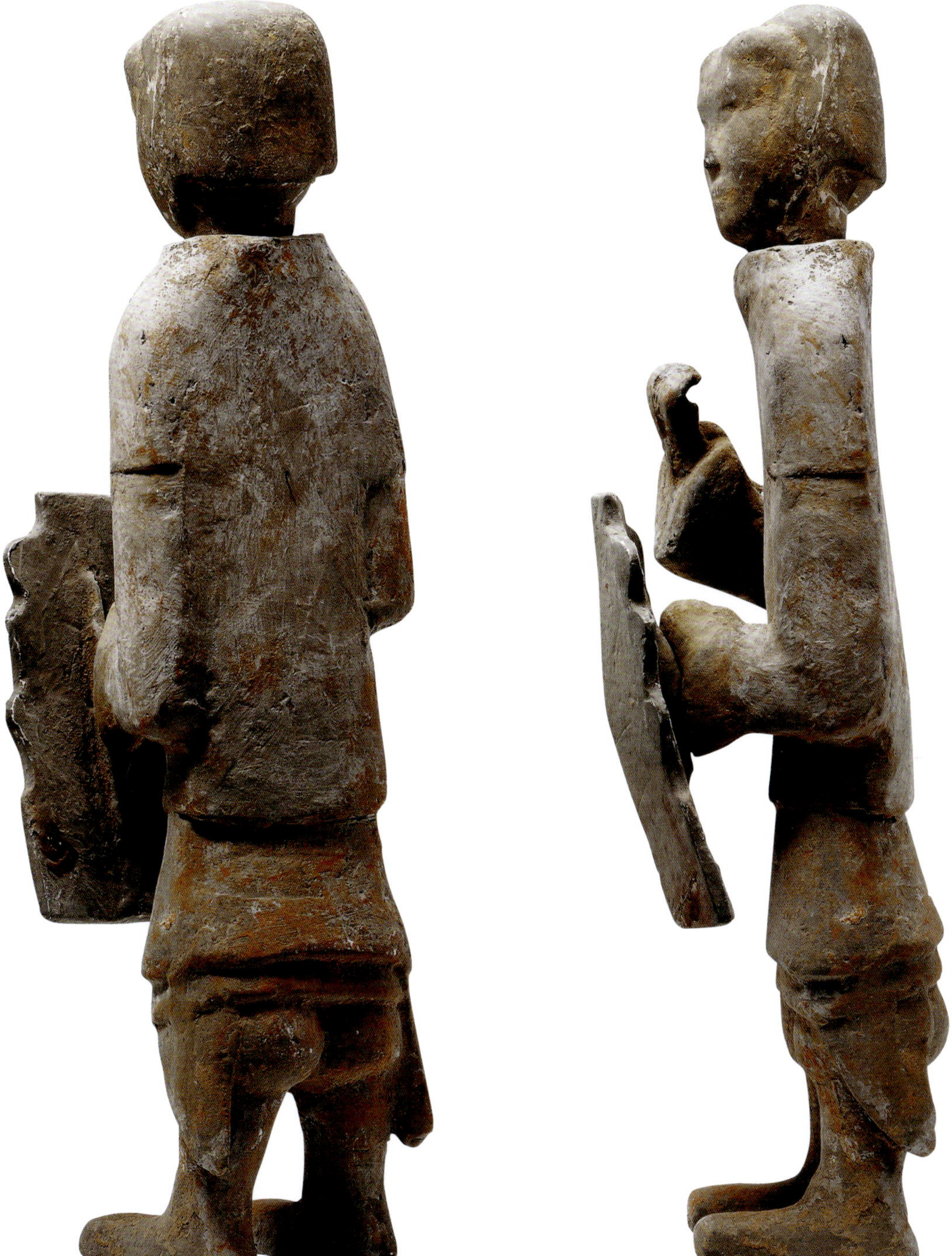

陶戴胄执兵俑

西汉
高 50 厘米
徐州驮篮山楚王墓陪葬坑出土

俑为立姿。头戴胄，身穿三层长襦，外罩甲衣，甲衣较长，至臀下部，脚穿圆头平底靴。该兵士所穿的甲胄与狮子山楚王墓出土的铁胄、鱼鳞裙甲较为相似。

狮子山楚王墓出土鱼鳞裙甲

鱼鳞裙甲是一领右开身的连衣裙形制的铠甲，通过系带和别扣控制开合，身甲与甲裙上下贯通，可以向上收缩在一起，身甲部分有皮革等衬里，甲裙后身设两道开口，有助于下身的灵活运动，此外配有肩、披膊和后领。其胸、肩、领口处当衬以较厚的皮革，一方面加强防护，另一方面还对甲衣起巩固和稳定作用。经复原，狮子山楚王墓出土的鱼鳞裙甲共用甲片 3107 片。鱼鳞裙甲是汉代铠甲的新发现，复原长度为 1 米左右，穿服时甲裙至膝上部，不适用于步行和骑马，是专门为战车作战而设计的，既具有较大的防护面积，又使用灵活方便。狮子山兵马俑坑出土的跽坐车兵俑和驮篮山楚王墓陪葬坑中站立的兵士俑所穿长甲都是这种鱼鳞裙甲。

秦朝末年至西汉中期，骑兵的地位快速上升，转变为军队中战斗力最强、最活跃的兵种，成为战场上的主导力量。狮子山兵马俑正处在这一转变期。从军阵的阵形看，狮子山兵马俑的作战方式还是以较为传统的车兵、步兵组合为主；从兵器发展看，楚国重点加强了车兵的防护，如鱼鳞裙甲为其他地区所无。这种车、步组合的军阵或与楚国所在的平原区域相适应，反映了地方武装自己的特点，但从宏观的角度看，楚国军队建设战略稍显保守，仍以先秦作战体制安排自己的军事力量，没有从既往的战争经验中认识到骑兵的重要性。

111

铁胄

西汉
直径 27 厘米，高 42 厘米
徐州狮子山楚王墓出土

　　铁胄出土时已锈蚀散乱，修复后的铁胄由 120 片各式铁甲片用丝带联结编缀而成，重 4.7 千克。铁胄造型与狮子山兵马俑坑出土的跽坐甲胄俑所戴的胄相似，为典型的风字形胄，由筒状主体和可以伸缩的垂缘两部分组成，前部有方形开口，仅露出眼、鼻和口部。佩戴这类胄既可以保护头颅和脖颈，也便于头部和颈部的活动。

铁札甲

西汉
宽 68 厘米，厚 28 厘米，高 72 厘米
徐州狮子山楚王墓出土

铁札甲出土时已锈蚀散乱，修复后的札甲共使用甲片 836 片。其中前后胸用长条形札甲片 128 片，披膊和裙摆使用鱼鳞形甲片 708 片。札甲为方形领口，右衽侧身开口，穿戴后开口处用绳系结，甲衣边缘均用纺织品镶边。

大鱼鳞甲

西汉
高 70 厘米
徐州狮子山楚王墓出土

大鱼鳞甲共用甲片 923 片，包括身甲、领、双肩、披膊、甲裙等部分，附加皮革及丝织品的包边和衬里，为右侧开襟。甲片近似马蹄形，上平下圆，片体较大，组成甲衣的主体。

小鱼鳞甲

西汉
高 60 厘米
徐州狮子山楚王墓出土

小鱼鳞甲由大量相对小型的甲片组成，甲片排列外观如鱼鳞状。甲衣由披膊、身甲、甲裙等部分构成，用皮革与丝织品包边衬里，麻绳缀合，共使用各型甲片 2398 片。铁札甲和大鱼鳞甲形制上保留了战国甲与秦甲的特征，而小鱼鳞甲，则是汉代铠甲的标准形制。西汉早中期小鱼鳞甲还很少见，普遍认为小鱼鳞甲至武帝时期才趋于成熟。狮子山楚王墓小鱼鳞甲的复原，将这种代表汉代铠甲发展新水平的铠甲出现时间提前到了文帝时期，而且其形制已相当完备。

第三单元

楚宫笙歌

　　对于美的追求，伴随着人类发展的每一步。西汉楚国经济发展，文化繁荣，在诸多方面引领了时代风尚。围绕美，楚国贵族花了大心思，从沐浴更衣、梳妆打扮开始，服装要美，佩饰要美。这种美不仅悦己，更是品行、修养的表现。宫廷生活中，美味是必不可少的，各种珍馐、美酒必不能用拙陋之器，因为那些用具不仅体现风雅的情调，更是身份地位的象征。味蕾感受到的滋味还需要进一步催化，载歌载舞才能将欢快拉到最满。汉朝是一个歌舞盛行的时代，上至天子下至百姓无不迷恋其中，彭城作为西汉楚国的国都，更是楚风弥漫，楚歌楚舞蔚为风尚。徐州汉墓中出土的大量珍贵文物展现了贵族生活的方方面面，可以还原当时丰富多彩的生活。汉代壁画、画像石中有不少歌舞宴乐的画面，西汉楚王墓中也有类似的场景，比如北洞山楚王墓最大的一间墓室就用于宴乐歌舞。穿越时空，体会那一刻，金石之声、管弦之乐绕梁不绝，舞者闪转腾挪、或低或昂，甚至忙碌的侍者也光鲜亮丽，甚是可人，酒酣之际，主人与宾客以舞相属……

比德于玉

　　石之美者为玉，距今9000年左右，玉已经与中国先民建立了紧密的关系。此后，玉成为神权、王权的象征，是沟通天地的媒介、等级制度的体现。春秋之后，以儒家学派为代表的学者，将玉进行道德化、人格化阐释。玉文化成为中华文明重要的内核之一。"君子比德于玉""君子无故，玉不去身"，汉代延续和总结了传统用玉观念，玉成为完美人格的象征和道德修为的最高标准。西汉早期楚国国力雄厚，制玉业发达，以楚王为代表的贵族阶层大量使用玉器。西汉是中国古代玉文化的一个高峰，楚国玉器数量大、种类多、质量高，是这一高峰期最为典型的玉器群。

狮子山楚王墓装饰用玉出土现场

玉饰

西汉
长 21.5 厘米，宽 4.2—7.2 厘米
徐州狮子山楚王墓出土

造型略呈铲形，周廓以阴线刻双线 S 纹，线条流畅自然。玉饰前端透雕螭龙，造型颇具张力。龙身弯曲于铲身方框内，虬曲翻转，体型健硕。龙首挣脱边框束缚，回首咬住边框上端。铲体前端和一侧透雕变形卷云纹图案。铲体后端有短柄，柄上有一圆孔，孔为饕餮纹图案之口，饕餮眼鼻清晰，另一侧阴刻花纹图案。从该器后端短柄有穿孔判断，应为安装在某种器物上的饰件。对于这件玉饰的用途，专家们提出了不同的看法和意见：卢兆荫先生认为其可能是文献记载中的"玉梢"，是古代祭祀结束时，歌舞者手中所持杆上的玉饰，属礼仪用玉；孙机先生认为该器属于异形剑首；王恺先生认为其属于礼兵器的玉钺。通观该器，其造型特殊，玉质优良，雕琢工艺精湛，实为汉代玉器中的精品。

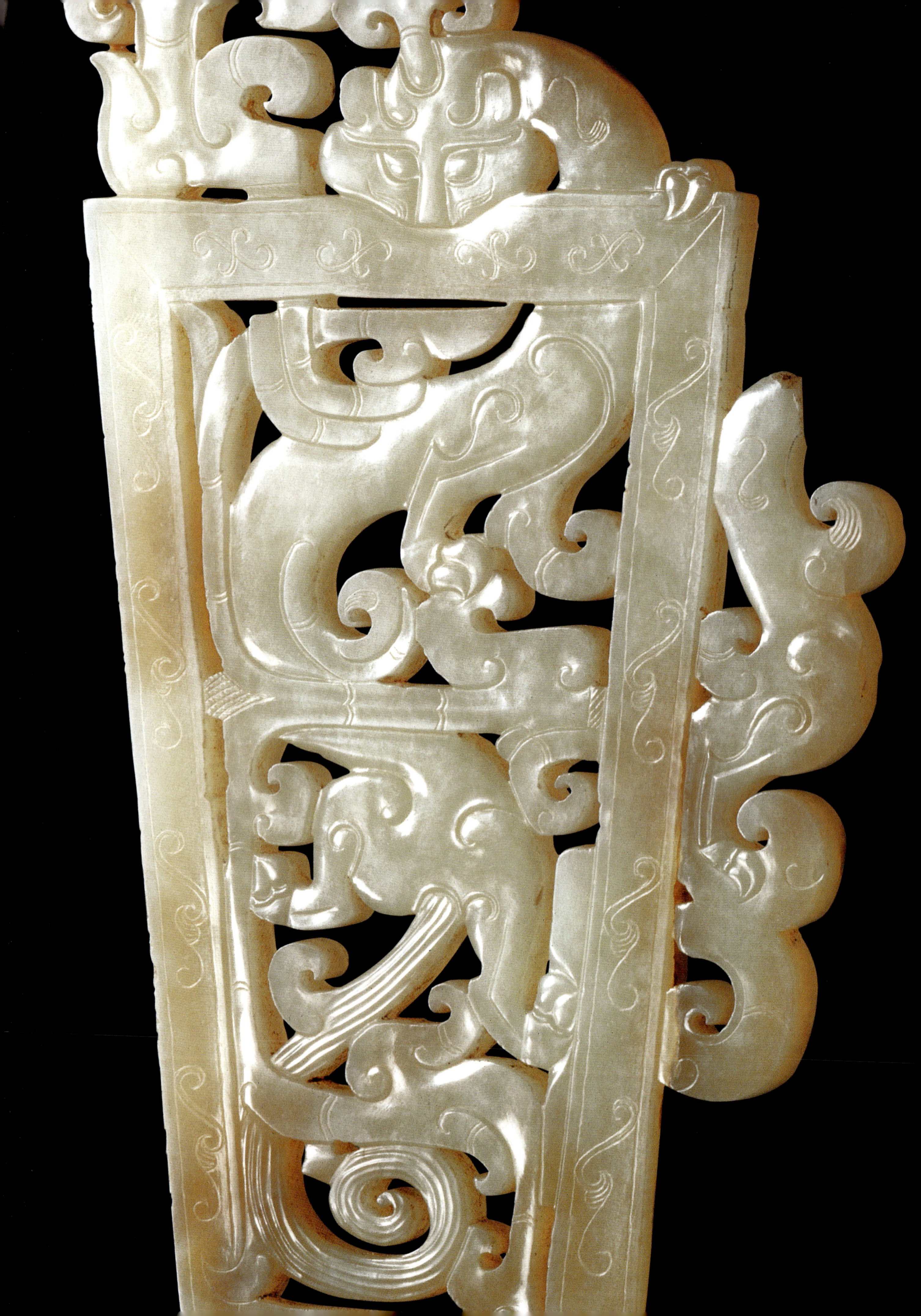

玉剑饰是古代镶嵌在剑体及剑鞘上的饰玉，盛行于战国至西汉时期，成套的组合包括剑首、剑格、剑璏和剑珌四种。徐州地区出土汉代玉剑饰较多，狮子山楚王墓出土了近10套玉剑饰，样式繁多，造型各异，北洞山楚王墓虽经盗扰，也出土玉剑饰9件。西汉时期的玉剑饰大多形状相似，器表饰云纹、涡纹、谷纹、高浮雕龙纹、螭虎纹、兽纹和瑞鸟纹等。

　　剑首安装于剑柄的最顶端。西汉时期较流行的玉剑首样式呈圆饼形，背面有象鼻穿，与剑柄相连。狮子山楚王墓出土的这件玉剑首形制较为特殊，整体呈倒梯形，其中一角有弧形挖缺，造型简洁不施纹饰，白玉晶莹，局部受铁锈沁染，犀利中兼具沧桑质感。

　　剑格用于剑柄与剑锋之间，起护手作用。狮子山楚王墓出土的这件玉剑格截面为菱形，侧面为横长方形，中部凸起一棱，对称琢出勾连云纹，剑格中端仍残留锈蚀的铁剑。这种形状的剑格是西汉最流行的样式。

　　剑璏，又称剑鼻。《说文·玉部》云："璏，剑鼻，玉也。"剑璏安装在剑鞘上方，用来贯带系剑于腰部。这件玉剑璏为长条形，片状，两端下弯，正面浮雕一螭龙，背面有一个方形的仓，仓的侧面有透孔。

　　剑珌安装于剑鞘下部。《说文·玉部》云："珌，佩刀下饰，天子以玉。"这件玉剑珌为梯形，下端略宽。顶面处有三孔，中间一孔大，两侧各有一斜钻孔相通，用于与剑相连。为了凸显玉质之美，古代工匠在大体修型之后，细加抛光而未刻纹饰。

玉剑首

西汉
宽3.8厘米，厚0.9厘米，高9.9厘米
徐州狮子山楚王墓出土

玉剑格

西汉
宽5.6厘米，高4厘米
徐州狮子山楚王墓出土

玉剑璏

西汉
长 9.5 厘米，宽 2.4 厘米
徐州狮子山楚王墓出土

玉剑珌

西汉
宽 7.5 厘米，高 4 厘米
徐州狮子山楚王墓出土

透雕盘龙纹玉剑珌

西汉
宽 4.6—5.9 厘米，高 6 厘米
徐州北洞山楚王墓出土

玉剑珌以透闪石雕成，玉质晶莹滑润。通体透雕 5 只螭虎和 1 只凤鸟，螭虎盘绕虬曲，强健有力，造型生动，姿态各异，体现了西汉时期精湛的琢玉工艺。

125

玉龙

西汉
长 17.5 厘米，宽 10.2 厘米
徐州狮子山楚王墓出土

龙身体蜷曲，呈 S 形，张须露齿，双目圆睁，鬣毛向两边卷曲，颈部以阴线刻出一圈绞丝纹，前肢曲折，爪趾锐利，呈尖钩状，龙尾上卷并平削，通体饰涡纹。这件玉龙继承了战国玉龙的雕琢风格，采用阴线刻、浮雕和局部透雕等技法，把龙潜深渊、蛰伏待时的意蕴刻画得淋漓尽致。玉龙眼睛下方有一钻孔，用以穿系悬挂。

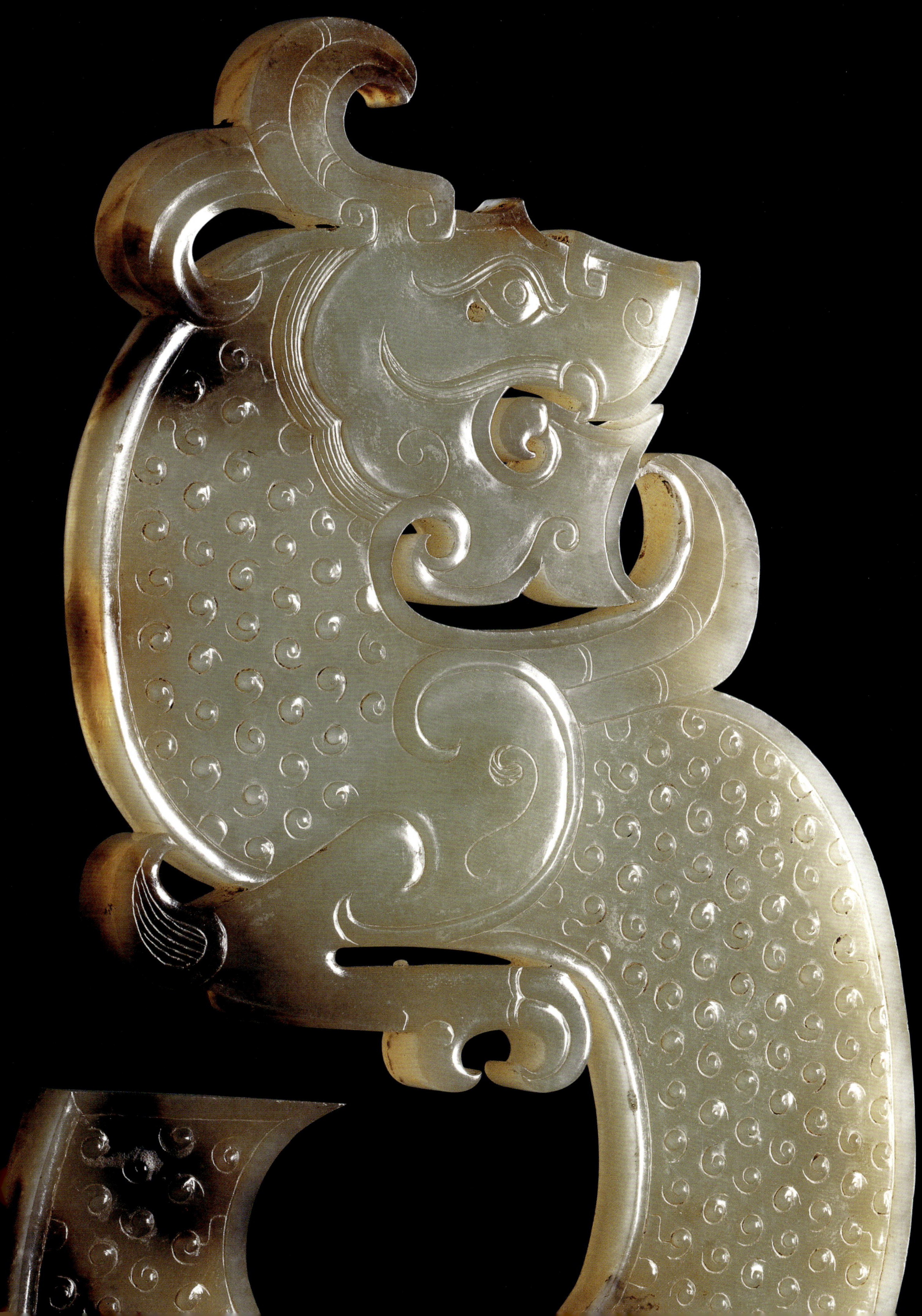

龙形玉佩

西汉
长 18 厘米，宽 11.9 厘米
徐州狮子山楚王墓出土

　　白玉质。以浅浮雕、透雕技法雕出盘曲的龙身，龙身中部拱曲方正，上有一穿系用的孔。龙体丰腴，张口露齿，身饰勾连涡纹，龙爪简化变形，龙尾呈凤尾形。龙身上下饰透雕云纹，使龙的周围祥云缭绕，给人以腾云驾雾、飞跃于天的感觉。这种龙头凤尾的造型在汉代十分鲜见，而龙身的方正和凤尾的婉转相呼应，流畅而不柔弱。整条龙鬣毛飞扬，威风凛凛，迸射出力量和气势，具有西汉早期玉龙的典型风格。

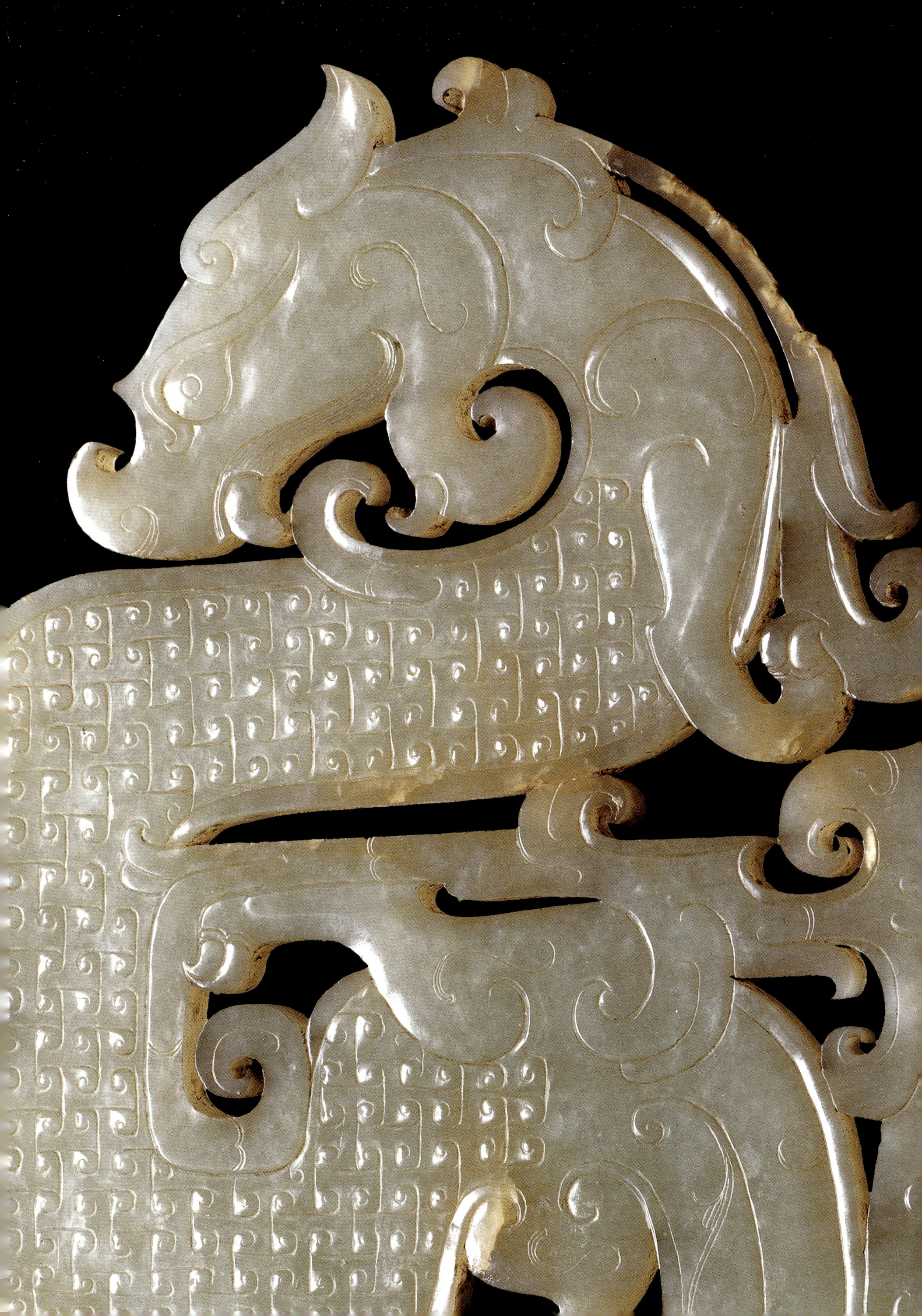

出廓玉璜

西汉
长 19 厘米，宽 9 厘米
徐州狮子山楚王墓出土

玉璜略呈半璧形，质地温润。璜的外缘两侧各有一只瑞鸟，尾部向内，身体匍匐，双爪勾住璜的外缘，钩喙圆睛，引颈回首。内缘对称雕刻两只变形的凤鸟，以管钻刻出圆睛，长喙卷曲，引颈向外，双凤的颈部贴合，身躯细长，后部分出几支尾羽，或向内卷曲发散，或与内缘相接，更有一支下垂外分至底边中部，造型夸张、飘逸。璜的外缘下端及底边有牙槽。这件玉璜器体宽厚，造型饱满，是汉玉中的珍品。

玉璜

西汉
长 34.3 厘米，宽 11 厘米
徐州狮子山楚王墓出土

玉璜出土时碎成三块，质地坚硬，细腻温润。器身磨光，素面，外缘和两侧边皆有减缘形成的牙槽，内缘有连续的透雕纹样，可惜部分纹样已残。从残余纹样造型看，原来雕琢的可能是龙凤纹。玉璜正中顶部钻有配挂用的小孔。该器是目前已知体量最大的玉璜，玉质上乘，在当时也应是异常珍贵的玉器。但这件玉璜可能是一件半成品，璜体尚未雕琢纹饰就随葬于楚王墓中。

龙凤纹玉璜

西汉
长 21.1 厘米,宽 4.2 厘米
徐州狮子山楚王墓出土

  此件玉璜是狮子山楚王墓出土的众多玉璜中最为精美的一件。璜体上下两侧和两端皆减缘形成牙槽。玉璜两面纹饰相同,每面以穿孔为中心,中间为一兽面纹,两侧各雕一龙,龙首一侧为凤喙,龙身旁布满凤羽。龙身外各雕四条虬曲之龙互相盘绕。玉璜采用浅浮雕技法,两面共雕饰 20 条龙、4 只凤鸟和 2 个兽面,即使是穿系孔的周边,亦浮雕出圆廓,不留空白,密而不塞,构图奇妙,工艺精湛。

  这种在璜体中部拱顶钻孔,佩戴时拱部朝上的璜,有学者称作"珩",认为春秋以后珩替代了璜。唐兰先生曾指出"璜"是古字,"珩"是春秋以后的新字。吴棠海先生认为,璜是上弦月形的器物,盛行于新石器时代至西周,到了春秋时期,组佩饰发展成熟,玉璜倒向使用,成为下弦月形的玉珩。汉代,玉璜绝大多数是在璜体中部拱顶钻一孔,佩戴时拱部朝上,按照唐兰和吴棠海二位先生的观点,汉代玉璜可能称作玉珩更合适。

双龙玉佩

西汉
长 20.5 厘米，宽 6.6 厘米
徐州狮子山楚王墓出土

玉佩为青白玉，略呈横长方形，一侧龙角有沁斑。玉佩上部两侧为两条虬龙，龙首向外，龙身盘曲，张翼舞爪，龙尾内卷，二龙的龙身后部相连，并形成一个 T 形孔，可以穿系，构思巧妙。连体双龙通体透雕，二龙的造型及正、背面纹饰完全相同。龙身周边有廓，龙身阴线刻鸟首、卷云纹等，整体造型庄重大方。这件连体双龙玉佩不仅造型罕见，而且雕琢工艺精湛，晶莹剔透，有玻璃般的光泽，是不可多得的上乘之作。

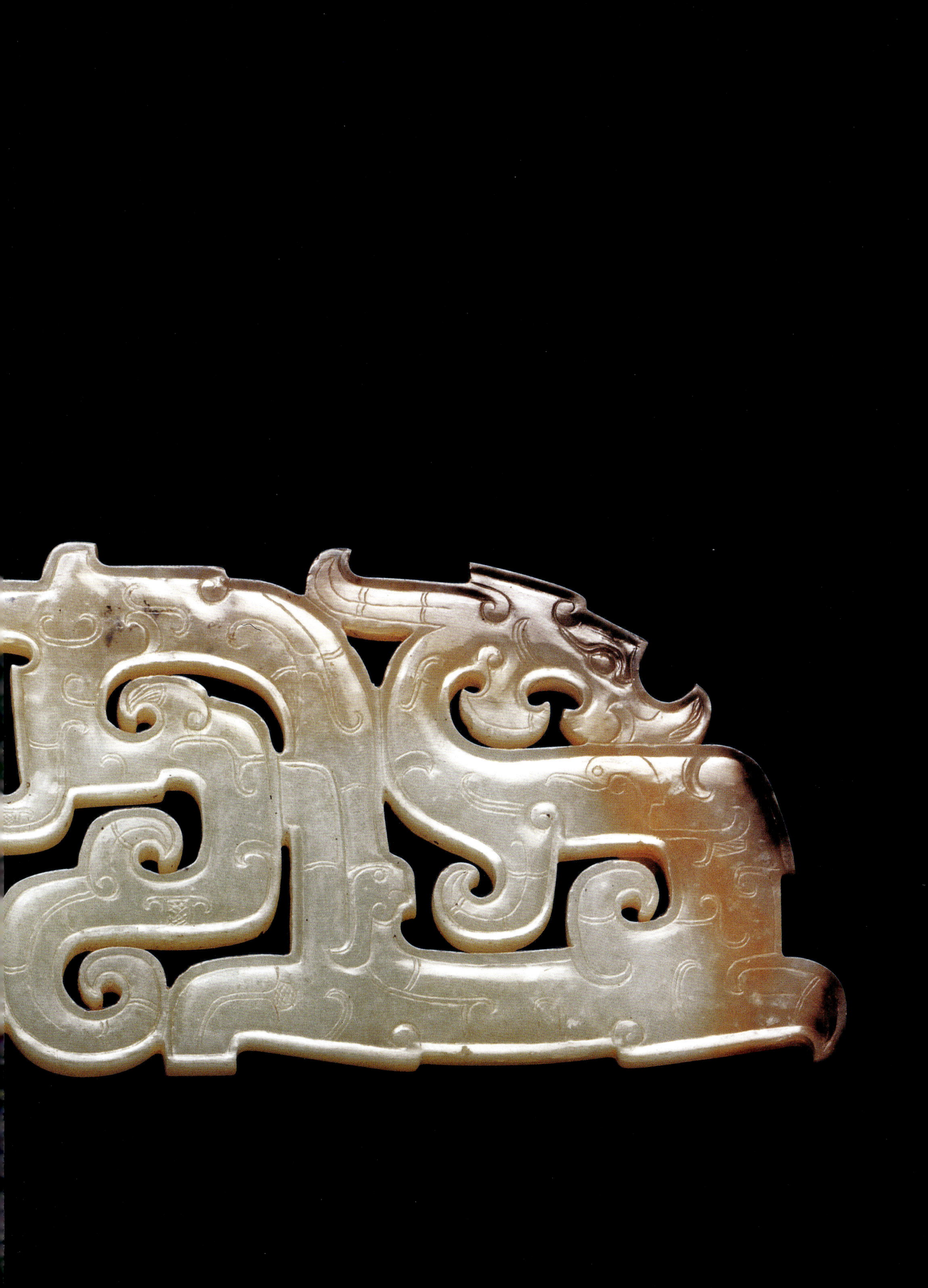

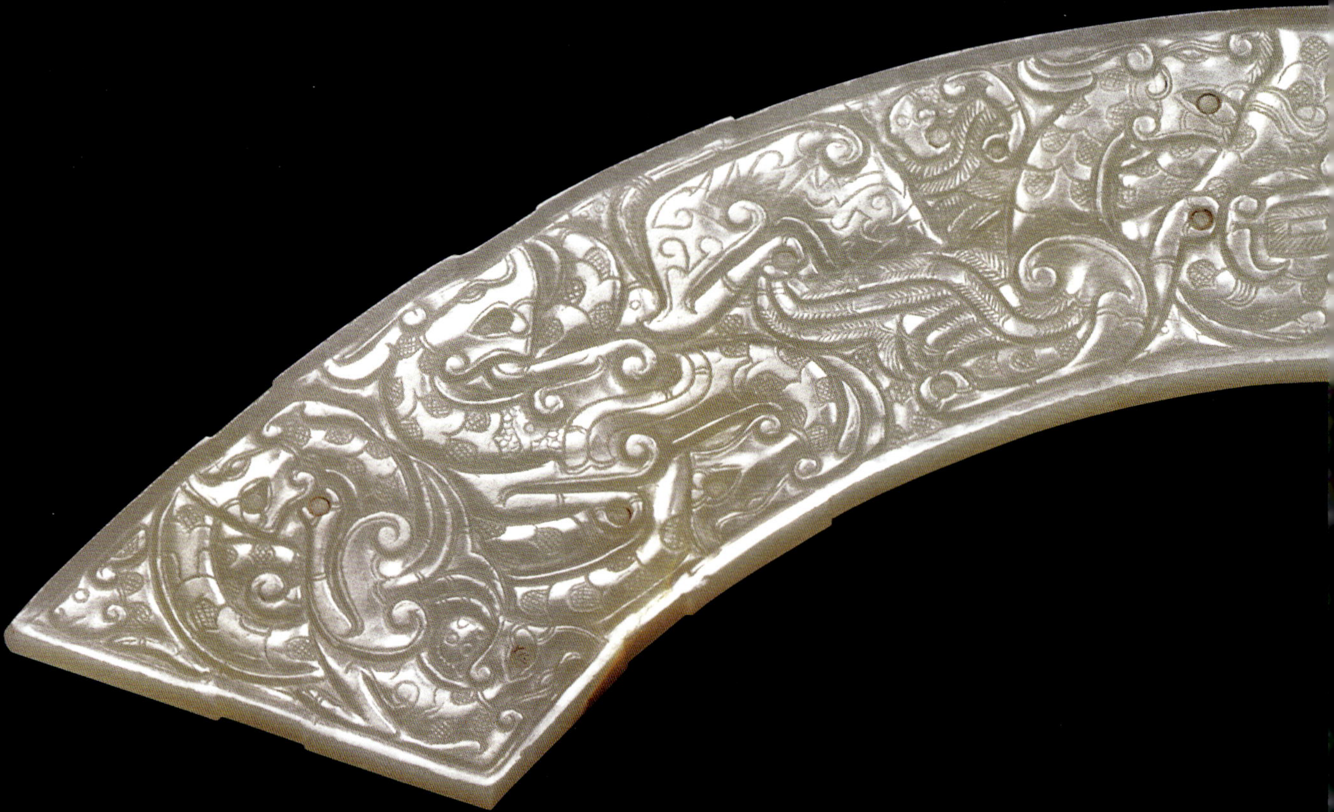

玉冲牙

西汉
长 14.3 厘米，宽 4.5 厘米
徐州狮子山楚王墓出土

　　冲牙略呈半月形，整体造型为一尖尾虺龙，龙身上拱弯曲，方吻，巨口，口中有獠牙。龙身饰细密的勾连云纹，颇类鳞甲。龙身的下缘透雕出变形龙须，后部饰疾行回首的游龙，体态舒展流畅，使整器造型充满动感。龙唇、脊部有沁斑，尾部有沁色。玉冲牙在汉代已经较为少见，一般用于组玉佩中。这件玉冲牙的龙额头上有一圆孔，用于穿系悬挂，应为组玉佩中的一件。其尺寸较大，造型庄重典雅，是玉冲牙中的精品。

龙形玉佩

西汉
宽 4 厘米，厚 0.4 厘米，高 6.2 厘米
徐州天齐山汉墓出土

　　玉佩为腾龙造型，怒目回首，龙足跨步跃起，长尾高昂。造型突破了对称及边框的束缚，张扬有力。

玉组佩

西汉
玉环：外径 7.5 厘米，内径 3 厘米
玉璜：长 6.6 厘米，宽 1.4 厘米
玉舞人：长 3.4—3.7 厘米，宽 2.1—2.8 厘米
玉珩：长 11 厘米，宽 2.2 厘米
玉凤：宽 1.8—2.8 厘米，高 4.1 厘米
玉觿：长 9.3—9.6 厘米，宽 1.7—2.2 厘米
徐州骆驼山东 29 号汉墓出土

　　玉组佩是汉代贵族女性使用的组合佩玉，由环、珩、璜、舞人、玉觿等多件玉器组合编缀而成。这套玉组佩由 11 件玉器构成，最顶端为玉环，其下为一玉舞人，第三层为一件玉珩，珩下两端各拴系一玉舞人，再下与玉璜连接，第六层为两件玉舞人及双凤交颈，最下两端各有一玉觿。类似的玉组佩在徐州西郊的韩山刘婥墓中也有出土。

137

白玉系璧

西汉
直径 6.3 厘米，孔径 2.6 厘米，厚 0.4 厘米
徐州天齐山汉墓出土

青白玉质地，素面，有糖色及沁斑。外缘刻有"己二百五十三"等铭文。

透雕龙凤纹玉环

西汉
直径 7.9 厘米
徐州东洞山二号楚王后墓出土

玉环黄白色，通体透雕。整环以三条螭龙盘绕而成，环身透雕有熊、凤鸟及卷云纹，并以阴线刻画细部，线条流畅自然。玉环多用于成组玉佩的中部，一般直径较小。

雷纹玉环

西汉
直径 12.8 厘米，孔径 7.2 厘米，厚 0.5 厘米
徐州狮子山楚王墓出土

蝉形玉佩

西汉
长 4.5 厘米，宽 2.1 厘米
徐州狮子山楚王墓出土

　　玉蝉双目凸出，尾稍上翘，羽翼纹理雕刻清晰，甚至连蝉足和腹部的节都雕刻得非常逼真。蝉体从头至尾有一系挂用的穿孔，表明这件玉蝉为佩饰。

　　在古人心目中，蝉栖于高枝，饮甘露而生，是一种性情高雅的生物。《史记·屈原贾生列传》记载："蝉蜕于浊污，以浮游尘埃之外，不获世之滋垢。"蝉寓意高洁，用玉雕刻而成，佩戴在身上，或饰在冠上，既代表身份地位，又显示清雅高尚。

韘形玉佩

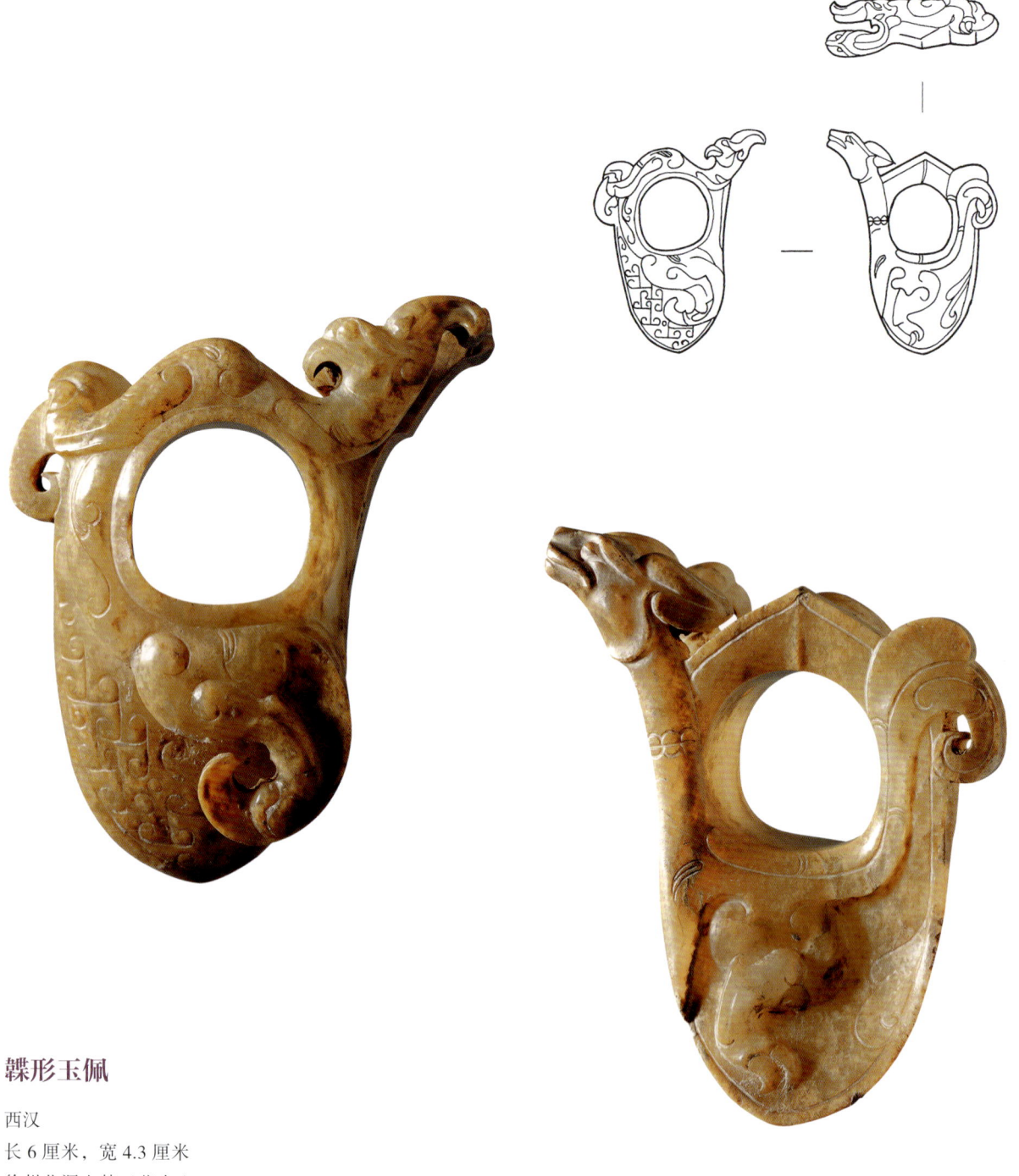

西汉
长 6 厘米，宽 4.3 厘米
徐州北洞山楚王墓出土

  玉佩呈青黄色，平面前尖后圆，中部鸡心隆起，有一椭圆形孔。正背面分别雕刻一龙一凤。龙首与凤首并列，用圆雕技法琢成。龙鼻和眼睛凸起清晰，凤冠高昂，喙做内勾状，回首展望。凹面边端处阴线刻饰勾连云纹。

  韘形玉佩又称心形玉佩，由玉韘演化而来。韘是古代射箭时佩戴在大拇指上用于钩弦的用具。安阳殷墟妇好墓就有玉韘出土，东周时期玉韘已出现由实用器向装饰用佩玉转化的趋势，至迟从战国时期开始，玉韘已逐渐演变成佩玉。西汉时期的王侯贵族墓葬中常见玉韘，但多呈扁平状，平面为椭圆形，上端呈尖角状，下端为圆形，两侧多透雕复杂的纹饰，虽然器身中间的圆孔还保留着，但明显已不具备钩弦的实用功能。

  韘形玉佩在徐州地区西汉早期墓葬中较常见，出土韘形玉佩的墓葬均为楚国王室成员或地位较高的贵族墓，狮子山楚王墓、北洞山楚王墓、簸箕山宛朐侯刘埶墓、韩山刘婞墓、后楼山一号墓等都出土有韘形玉佩。

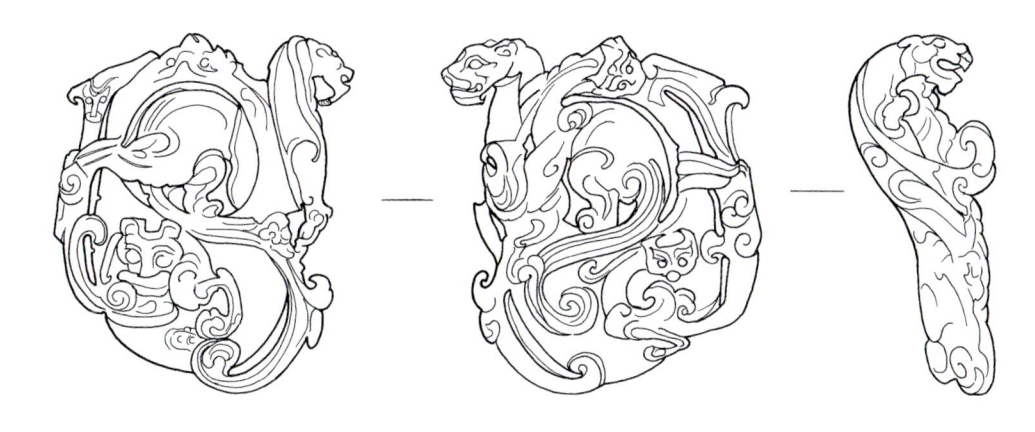

玉佩

西汉
高 5 厘米，宽 3.9 厘米
徐州北洞山楚王墓出土

玉佩以透闪石制成，由于受沁呈鸡骨白，上有黄白色包浆，正面透雕盘绕三螭，左上部螭首张口瞪目伸出体外。背面亦雕有盘绕虬曲的两螭，整体造型生动，刻镂精细，佩体上部正中雕一双面螭首，螭口即为佩挂时穿系之孔。该玉佩重仅 18 克。

北洞山楚王墓出土的这件玉佩是韘形佩的变体，总体构思源于韘形佩，但造型上改变了既往器体两侧基本对称的布局。绝大多数的韘形佩虽为佩饰，中间的椭圆形孔仍得以保留，而此件玉佩的孔却被一只螭虎占据，尤为特别。整件玉佩最大的一只螭正穿过圆孔，身躯绝大部分已经行至玉佩的正面，后足却尚未跨过，灵动的瞬间定格在小小的玉佩之上，构思颇为巧妙。就西汉韘形佩的造型而言，这件玉佩无疑是造型突破最大、构思最为精巧的一件。

142

锦绣衣冠

"黄帝、尧、舜垂衣裳而天下治",在迈入文明阶段的进程中,衣服的伦理和社会功能也逐步得以体现和加强。先秦楚国为周王朝分封的诸侯国,服饰礼仪制度方面与其他封国有相似之处,也有着自己的特色。西汉楚国承袭了先秦楚服紧衣修身、曲裾绕体、衣纹靓丽的特点,在西汉早期,这些特点更加鲜明。徐州出土的陶俑中,北洞山楚王墓彩绘仪卫俑穿着的对襟深衣是典型的楚服样式,该墓中部分女侍俑的服饰也填补了中国服饰史的空白。

徐州狮子山楚王墓发掘现场

狮子山楚王墓沐浴器出土现场

铜釜

西汉
腹径 59.5 厘米，高 39.6 厘米
徐州狮子山楚王墓出土

　　铜釜直口，鼓腹，平底，素面，为实用器。腹部最大径在肩部以下，上有两环形耳。出土时釜内盛满清水，水内似有一瓢形物，搬动时因水晃动，瓢形物随即消逝。釜内的瓢形物或许是当时放置的舀水瓢，历经两千多年，已十分脆弱。釜为蒸煮器，该釜与沐浴用器同出，当是沐浴时煮水所用的器物。

银铑

西汉
直径 45.7 厘米，高 19.5 厘米
徐州狮子山楚王墓出土

　　银铑平折沿，短直颈，两侧各有一环形耳，鼓腹平底。腹上阴刻"宦眷尚浴沐铑容一石一斗八升重廿一斤十两十朱第一御"。《说文解字注》记载："铑，小盆也。"由此可知铑是盥洗、沐浴时的温水器具。出土时，铑内盛有搓澡用的陶瓿数个、漆木奁盒1件、漆笥1件。漆木奁已残朽，内放有化妆用品。漆笥内装有植物的茎叶，还叠放着一件浴巾。植物的茎叶应是药浴所用的保健药材。

铜鉴

西汉
口径 88.5 厘米，高 37 厘米
徐州狮子山楚王墓出土

平折沿，圜底，上腹部有 3 个圆环形耳。出于狮子山楚王墓西侧第 2 室，出土时其内放置有 1 件铜壶和 2 件鸭嘴形流的铜扁壶。此鉴是该室出土的体量最大的青铜器，因与银铜、银鉴等沐浴用器同出，当是沐浴用器。《庄子·则阳》记载："灵公有妻三人，同滥（鉴）而浴。"由此可知，先秦时期，鉴就是沐浴用器。灵公沐浴的铜鉴可容纳三人同浴，体量非常大。

汉代社会非常注重衣着仪容的整洁，"休沐"成为汉代朝廷官员法定的假期。楚国王室也非常重视沐浴，狮子山楚王墓出土的沐浴器具种类繁多，沐浴用器有银铜、银盘、银鉴、铜鉴、铜扁壶、铜釜、铜灯等，功用包括了照明、煮水、盛水、浇水等。沐浴用具有搓澡用的搓石、保健沐浴用的药材、擦干身体用的浴巾、装扮用的铜镜和化妆品。2005 年徐州羊鬼山陪葬坑也出土了数个大铜鉴、铜扁壶、铜臼、铜杵、铜量等沐浴器具。由此也可以看出，楚国王室日常沐浴相当讲究，沐浴已不仅仅是为了去除身上的污垢以洁身净体，还被赋予了新的诸如美容养颜和养生保健等特殊功能。

羊鬼山陪葬坑沐浴用器出土情况

铜鍪

西汉
口径 43 厘米，高 34 厘米
徐州羊鬼山陪葬坑出土

　　铜鍪与铜鉴、铜扁壶等同出。侈口，高领，腹部有一道明显的折，圜底。鍪是与釜形制相近的炊器，其底部、腹部与釜区别不大，但肩部多装环耳，肩以上逐渐收缩成显著的颈，口沿外侈。羊鬼山陪葬坑出土的铜鍪造型较为特别，口径略大于腹径，相对于高高的颈领，腹部显得较小，这种样式的铜鍪当属楚国王室用器中的特色器物。铜鍪与沐浴用器同出，表明其可能是用来对洗澡水进行加热和保温的。

147

铜扁壶

西汉
宽 42.7 厘米，高 33.6 厘米
徐州狮子山楚王墓出土

素面，盘口，口沿有一宽大的鸭嘴形流，双肩有对称环耳，扁圆腹，后腹上有一环形钮，圜底，圈足。2005年羊鬼山陪葬坑中又出土了两件同样的扁壶，也与沐浴用器同出，当属沐浴器具。

不同于当时流行的常规扁壶，该器造型特殊，也是楚国王室用器中比较有特色的。有学者认为这种扁壶产自中亚，是中西文化交流融合的产物，也有学者认为扁壶在中原地区的出现可能与北方游牧文化的传播有密切关系。狮子山楚王墓和羊鬼山陪葬坑中都出土这种扁壶，数量已达4件，形制大小不完全相同，它们产自中亚的可能性较小，很可能是楚国工匠吸收草原游牧文化因素设计制作的。

149

银鉴

西汉
口径 74.7 厘米，高 11.4 厘米
徐州狮子山楚王墓出土

折沿，口沿下面有两环，短颈，平底，素面。腹下部有一周折线，左旋卧刻阴文篆书"宦者尚浴银沐盘容二石一斗五升重一钧十八斤十两第乙御"25 字，铭文记录了银鉴的具体用途、重量及容量。在铜镜未出现之前，古人常用鉴盛水映照容貌。该鉴与同时出土的银铒、银盘用途相同，都是楚王及内眷的沐浴用器。

151

鎏金铜盘

西汉

口径 68.5 厘米，高 15.6 厘米

徐州东洞山二号楚王后墓出土

铜盘敞口平沿，直腹，圜底，器壁较薄，通体鎏金，素面。腹部阴刻"赵姬沐盘"四字。器体铭文明确表明该盘是楚王后赵姬的沐浴用器。

陶甋

西汉
直径 4.5—5 厘米
徐州狮子山楚王墓出土

近圆形，中间厚，边缘薄，表面有以三圈同心圆隔开的纹饰带。甋是沐浴时搓澡用具，《说文·瓦部》记载："甋，瑳垢瓦石。从瓦，爽声。"说明西汉时期陶甋是普遍使用的沐浴用具，类似形制的搓石在江苏高邮广陵王墓中也有出土。

银锅内的陶甋与奁盒

搓石

西汉
长 20 厘米
徐州狮子山楚王墓出土

搓石由火山玄武岩制成，扁平长圆形，中间粗，两端稍细，素面，较轻。搓石上有许多小孔，表面虽经打磨，仍具粗糙之感，是沐浴时搓澡用具。

铜臼、铜杵、铜量

西汉
臼：口径 16.3 厘米，高 18.2 厘米
杵：长 36.5 厘米，直径 3 厘米
量：长 12.7 厘米、17 厘米
徐州羊鬼山陪葬坑出土

　　铜臼、铜杵和铜量与数件套在一起的大铜鉴、铜鍪、铜扁壶等沐浴和盥洗用器同出。铜臼圆筒形，直口，腹下部渐收，圈足，铸造成型，腹部有两耳，饰有三道凸弦纹。弦纹下面的臼腹上有"□宦者药府……"刻铭。铜杵棒状，一端粗一端细。铜量大小各1件，均直口，平底。大铜量柄部铭文为"宦者□□升重八两第□"，小铜量柄部铭文为"宦者□□□重五两第一"。铜臼上的铭文表明其是用来捣碎药物的器具。铜臼、铜杵、铜量与沐浴用器同出，应是用来捣制和称量沐浴所用药物的。

　　铜臼、铜杵和铜量还出土于西汉时期的其他贵族墓葬。徐州铜山龟山一号"丙长翁主"墓出土有铜臼、铜杵和铜量各1件。臼、杵及量的形制与狮子山楚王后墓陪葬坑出土的类似，但腹部无耳，臼底缘刻有铭文"铜臼一重廿斤容五升四合"，铜杵下端刻有铭文"铜杵一重四斤三两"，铜量腹壁刻有铭文数行，自右向左依次为"重一斤一两十二朱楚私官重一斤一两十八朱第二""□北平园"。同出的还有铜盆、铜洗等沐浴和盥洗用器。山东巨野红土山昌邑哀王刘髆墓也出土了铜臼和铜杵，同出的还有盛有药丸、药粉的铜鼎，漆衣铜盆，以及擂石、擂盘等制药工具。西汉贵族墓葬中常随葬铜臼、铜杵、铜量以及药物，足见王侯贵族对养生保健的重视和享受生活的人生态度。

155

三菱三蟠螭镜

西汉
直径 18.2 厘米，缘厚 0.6 厘米，重 324.4 克
徐州狮子山楚王墓出土

三弦钮，圆钮座。座外饰凹面环带及弦纹一周，主区饰三组蟠螭纹。蟠螭首部靠近钮座，长角与钮座外弦纹相接，阔口大张，体躯细长、盘曲回旋，躯体中部与折叠菱形纹连接。外侧饰弦纹与栉齿纹。云雷纹地。素卷缘。

蹙思悲四叶蟠螭镜

西汉
直径 9.9 厘米，缘厚 0.5 厘米，重 101.5 克
徐州晓山汉墓 M27 出土

伏兽钮，蟠螭钮座。座外一周篆书铭文，铭文为："蹙思悲，愿见忠，君不说（悦），相思愿毋绝。"主纹为四叶四螭相间环列。四叶为多层式，中有心形花苞。蟠螭体躯勾卷，以花叶为轴，对称布置。素卷缘。

长贵富对称草叶镜

西汉
直径 16.1 厘米，缘厚 0.4 厘米，重 456.7 克
徐州陶家山汉墓 M1 出土

圆钮，四瓣花钮座。方格内铭文为："长贵富，乐毋事，日有熹，宜酒食。"方格外正位各有一圆座乳钉及一花苞。两侧为二叠式草叶纹，四隅位配置二叶一苞花枝纹。内向十六连弧纹缘。

星云镜

西汉
直径 11.2 厘米，缘厚 0.4 厘米，重 200.1 克
徐州王村农民采石出土

连峰钮。钮外以短线间隔八区，饰简单图案。四圆座乳钉与四组星云纹相间环列，星云形态基本相同，每组由十枚小乳钉及连接弧线构成。内向十六连弧纹缘。

连弧四瓣花镜

西汉
直径 18.1 厘米，缘厚 0.7 厘米，重 841.2 克
徐州陶家山汉墓 M1 出土

圆钮，联珠纹钮座。座外饰内向十六连弧纹一周。主纹为四组尖乳围以四瓣花。外有一周凸起的栉齿纹、三角纹等。内向十六连弧纹缘。

日光连弧铭带镜

西汉
直径 17.5 厘米，缘厚 0.6 厘米，重 742.5 克
徐州东洞山三号墓出土

圆钮，联珠纹钮座。饰内向八连弧纹。圈带铭文为："见日之光，天下大明，乐未央，千秋万世毋相忘，时来何伤，宜王。"素缘。

铜华连弧铭带镜

西汉
直径 14.9 厘米，缘宽 1.2 厘米，缘厚 0.6 厘米，重 563 克
徐州茅村洞山村出土

圆钮，联珠纹钮座。外廓饰以栉齿纹与凸起环带，内区饰以连弧纹与栉齿纹。外区饰隶书铭文一周："涑治铜华清而明，以之为镜而宜文章，延年益寿而辟不羊（祥），与天毋极。"宽素缘。

铜华皎光重圈铭文镜

西汉
直径 15.4 厘米，缘宽 1.1 厘米，缘厚 0.5 厘米，重 557.1 克
徐州博物馆藏

圆钮，联珠纹钮座。内圈铭文为："清冶铜华以为镜，昭察衣服观容貌，清光乎宜佳人。"外圈铭文为："姚皎光而耀美，挟佳都而承闲，怀欢察而患（窕）予，爱存神而不迁，得执而不衰，精照折（晰）而侍君。"素宽缘。

四乳四虺镜

西汉
直径 13.4 厘米，缘宽 1.4 厘米，
缘厚 0.7 厘米，重 529.5 克
徐州博物馆藏

圆钮，联珠纹钮座。四圆座乳与四虺相间环列。四虺体躯勾卷，身侧间饰卷云纹与雀鸟纹。素宽缘。

新有善铜四神博局镜

新莽
直径 14.4 厘米，缘宽 2.2 厘米，
缘厚 0.3 厘米，重 527.7 克
徐州博物馆藏

圆钮，圆钮座。座外饰博局纹，博局方框外饰八枚乳钉，曲道间饰四神与瑞兽。博局外铭文为："新有善铜出丹阳，和以银锡青（清）且明，左龙安四彭，朱。"锯齿纹、双线波折纹缘。

上太山四神博局镜

新莽
直径 14.1 厘米，缘宽 2.1 厘米，缘厚 0.4 厘米，重 534.9 克
徐州阎山 M2 出土

圆钮，圆钮座。座外饰博局纹，有八圆座乳及四神图样。外区铭文为："上大山，见神人，食玉英，饮醴泉，驾文龙，乘浮云。"铭带外侧饰栉齿纹一周。云气纹缘。

金带扣

西汉
带板：宽 13.3 厘米，高 6 厘米，重 275 克、280 克
扣舌：长 3.3 厘米
徐州狮子山楚王墓出土

狮子山楚王墓金扣腰带出土现场

  狮子山楚王墓外墓道西侧第 1 耳室中，出土了两条形制相同的金扣嵌贝腰带，腰带出土于武器堆中，重叠放置，通长 97 厘米，宽 6 厘米。腰带两端为纯金铸成的带扣，中间的丝带编缀了三排海贝，海贝中夹缀了数朵金片做成的花饰。两副带扣厚度和重量略有不同，但尺寸和纹饰基本相同。上面的这副黄金带扣就是其中之一，由两块长方形金带板和一枚金扣舌组成。其中一块带板侧面錾刻"一斤一两十八铢"，另一块侧面錾刻"一斤一两十四铢"。

  带板正面纹饰采用浅浮雕，主体为猛兽咬斗场面。一只熊与一只猛兽双目圆睁，利爪遒劲有力，按住被捕获者，在贪婪地撕咬。被撕咬者应是偶蹄类动物，似一匹马，身躯匍匐倒下，后肢扭曲反转，奋力挣扎，一兽紧紧咬住它的脖颈，另一只熊撕咬其后肢。主体纹饰的周边为勾喙鸟首纹。带板背面有纤维织物铸痕。四边凸起边框，中部有两个竖向半环钮，每块带板的内侧中部有一略近三角形的小孔，以便扣舌穿入。扣舌形状似鸟舌，后部有鼻穿，主要为两块带板间系结之用。整副金带扣铸制精良，纹饰华美，无边框的整体浮雕透出浑厚与大气，动物形象遒劲有力，极具动感。这副金带扣从造型、工艺等方面看，是目前所见汉代最华美、系结方式最先进的带扣。

  金扣腰带为北方草原游牧民族常用的胡式带具，具有鲜明的游牧民族文化特点，属于史书上所说"犀毗金头带"。犀毗，亦称鲜卑、犀比、师比、胥纰等。此词为北方语言音译，故语有轻重或书写不同。"犀毗金头带"战国时期已经出现在中原地区，《楚辞·招魂》中有："晋制犀比，费白日些。"匈奴与汉朝之间的相互交流一直没有停止。"匈奴好汉缯絮食物"，汉文帝送给匈奴单于的礼单中就有"黄金饰具带""黄金胥纰"。

  徐州是金带扣发现较为集中的地区，在狮子山楚王墓金带扣出土现场，还发现了两副错金银铁带扣。与狮子山楚王墓金带扣形制、纹饰相同的金带扣在徐州天齐汉墓也出土一副。虽然这种带扣以草原猛兽搏斗为纹饰题材，但从铸造工艺、带扣系结方式看，为西汉楚国本地铸造的可能性大。这也说明汉朝和匈奴之间除了战争，相互之间的文化交流、吸收、借鉴从未断绝，西汉楚国有着极强的文化包容性，以使用这种胡式的带具为时尚。

金带扣

西汉
带板长 8.1 厘米，宽 4.4 厘米，均重 109 克
徐州后楼山六号墓出土

两块带板纹饰基本相同，均为腾跃翻曲、肢体夸张变形的三只羊形动物，边框饰麦穗纹。后楼山六号墓出土"刘泾·南阳夫人"双面铜印，知其墓主人为南阳夫人刘泾，表明该带扣的使用者为西汉楚国刘氏家族成员且为女性。

165

166

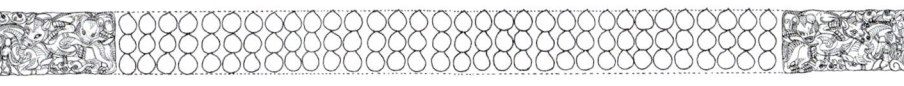

金带扣

西汉
带板：长 9.1 厘米，宽 5.1 厘米，重 142 克、162 克
扣舌：长 3.8 厘米，宽 0.4 厘米，重 3.8 克
徐州宛朐侯刘埶墓出土

双龙首玉带钩

西汉
长 19.1 厘米，宽 2 厘米，厚 2.5 厘米
徐州狮子山楚王墓出土

青白玉质，钩体细长呈弧形。一龙回首形成钩部，颈部以下分成两条身躯，两条龙躯的下端各有一龙头，龙头并列，样式相同。钩体正、侧面饰勾连云纹。腹部有圆柱形钮，钮面阴线刻涡纹。

古人束衣用带，并有大带和革带之分：大带为丝织，可系束；革带以质硬的皮革制成，无法系束。带钩便是用于扣接束腰革带的钩。常见的带钩以青铜铸造居多，也有用金、银、铁、玉、石、木等制成的。浮雕、错金、镶金、镂空、鎏金、錾花等装饰手法的应用，增强了带钩的观赏性。汉代带钩比较常见的式样有兽面形、曲面形、琵琶形，而狮子山楚王墓出土的这件玉带钩构思精巧、雕琢精细，是汉代带钩的上乘之作。

狮子山楚王墓出土的带钩，可分为八种不同的形制，反映了当时带钩使用的情况。《淮南子·说林训》曰："满堂之坐，视钩而异。"汉代对带钩的形制并无太多限制，可以尽情发挥创意，创造出各种精巧别致的带钩。

水晶带钩

西汉
长 5 厘米
徐州龟山楚襄王刘注墓出土

带钩呈琵琶形，钩体上面有一圈凹弦纹，形制规整，晶莹剔透。

金带钩

西汉

长 3.5 厘米

徐州狮子山楚王墓出土

带钩为鱼龙形，屈体张口，盘卧在圆钮之上，富有动感。口内吐一长舌，向后弯曲成钩。鱼体中镶嵌一颗绿松石，创意新颖，精致异常。

汉墓中时常出现一些体型较小的带钩。这类较小的带钩一般钩部较长、钩体较短，钮相对较大且钮与钩体之间的间隙较窄。此类带钩并不用于束腰，而是卡入腰带的侧孔中，用于悬挂其他饰物或用品，这件金带钩就是这种用途。

金带钩

西汉

长 3.1 厘米

徐州北洞山楚王墓出土

北洞山楚王墓共出土 2 件鹅首形金带钩。带钩腹部铸一圆钮。鹅昂首挺胸，屈颈成钩，钩体上饰变形羽纹。鹅头上镶嵌物虽已脱落，仍神态逼真。

玉铺首

西汉
宽 5.4 厘米，高（含环）6.8 厘米
徐州火山刘和墓出土

　　玉铺首为青白玉质，局部因受沁呈鸡骨白色。整体为一兽面衔环。兽面额部似桃形，瞠目，两耳外凸，面颊及额饰有卷云纹，两侧鬓须上卷，额与鬓须间透雕，兽鼻下卷，曲鼻衔环，环上刻饰绞丝纹。铺首背面饰卷云纹，中间有一圆形扣钮。该器为佩饰，以钮挂在腰带上，环内拴系短带及其他物品。

彩绘陶背箭箙俑

西汉
宽 14 厘米，高约 50 厘米
徐州北洞山楚王墓出土

　　这几件仪卫俑均头戴帽，有的穿右衽深衣，有的穿对襟深衣。对襟深衣都为 V 形领，使用的面料颜色鲜亮，有紫色、黄色等。领袖缘也多变化，紫色深衣以白色为领缘，领缘有红色的锁边，黄色深衣配以红色的领缘。北洞山楚王墓共出土背箭箙陶俑 64 件，均身佩长剑，肩负箭箙。箭箙通过腋下和左肩的三根带子固定，系结于胸前，形成三角形背带，便于背负和奔跑。此类俑虽为弓箭手形象，但有些右胯绲带系墨书"郎中"或"中郎"印，是为楚王近侍。

　　战国末期，楚国都城数次迁移，徘徊在豫东皖北之间，徐州地区深受楚文化影响。秦末战争期间，项梁拥立熊心为楚王，都彭城，项羽自封西楚霸王也以彭城为都，彭城成为楚文化的中心。西汉早期，汉朝的礼制还不十分完备，服制上的约束不多。楚人好奇服，楚服尚华美，徐州地区出土的西汉早期陶俑集成了楚式服装的风格，服装款式上飘逸洒脱，服色艳丽。北洞山汉墓出土的陶俑服装色彩鲜艳丰富，女侍俑衣着华丽，纹饰繁缛，壁龛内彩绘仪卫俑色彩保存得非常好，是研究西汉早期服制的重要资料。这批仪卫俑的深衣面料多为单色，虽没有女侍俑描绘得复杂，但服装的色彩和纹饰几乎不见完全相同的两件，搭配丰富，加之各种装饰、配饰，彰显了西汉早期楚国男性的服饰风尚。

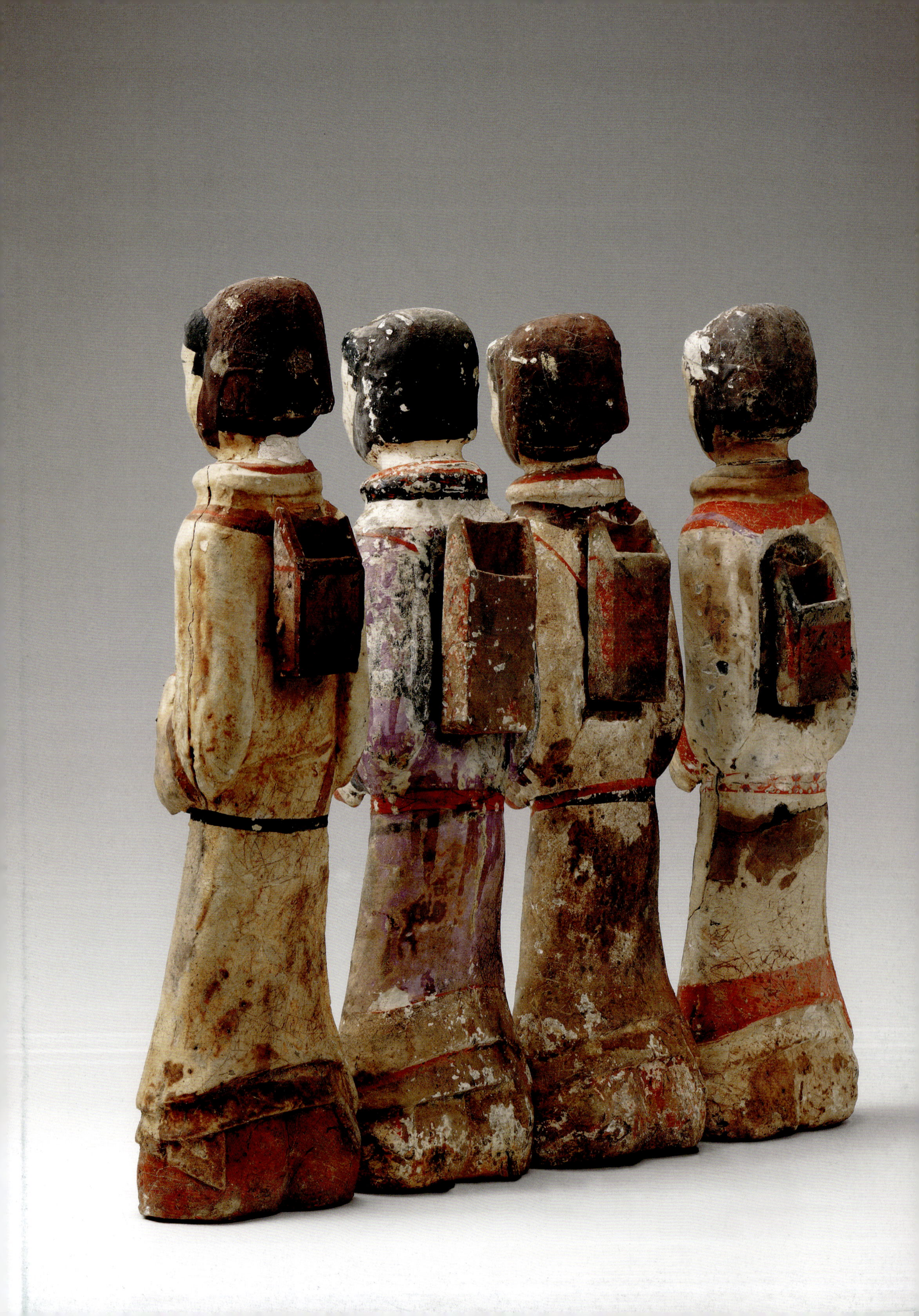

金饰片

西汉
宽 4 厘米，高 3.5 厘米
徐州狮子山楚王墓出土

金饰片呈心形，锤揲出羊头图案。

狮子山楚王墓出土了 2 件羊头形金饰片，由于墓室盗扰严重，已不能判断其原有的数量和与其他器物的组合关系。在广州南越王墓、江苏盱眙大云山江都王墓等高等级墓葬中，也有类似的金饰件出土，江都王墓金饰件还与纱冠同出，可知此类饰片是缝缀在男性冠上的装饰。北洞山楚王墓壁龛中出土的彩绘仪卫俑保存较好，是目前所知最为写实的陶俑群之一，部分俑彩绘的冠上也出现桃形图案，且冠的顶面、后面及两个侧面均有绘制，应是这种金饰片的写实。除首服外，男性还多配玉具剑、用海贝装饰的腰带。《史记·佞幸列传》记载："至汉兴，高祖至暴抗也，然籍孺以佞幸；孝惠时有闳孺。此两人非有材能，徒以婉佞贵幸，与上卧起，公卿皆因关说。故孝惠时郎侍中皆冠鵔鸃，贝带，傅脂粉，化闳、籍之属也。"那时的男子不仅服饰华丽，涂脂抹粉也成为风尚。

彩绘陶女跽坐俑

西汉
宽 16 厘米，高 31 厘米
徐州北洞山楚王墓出土

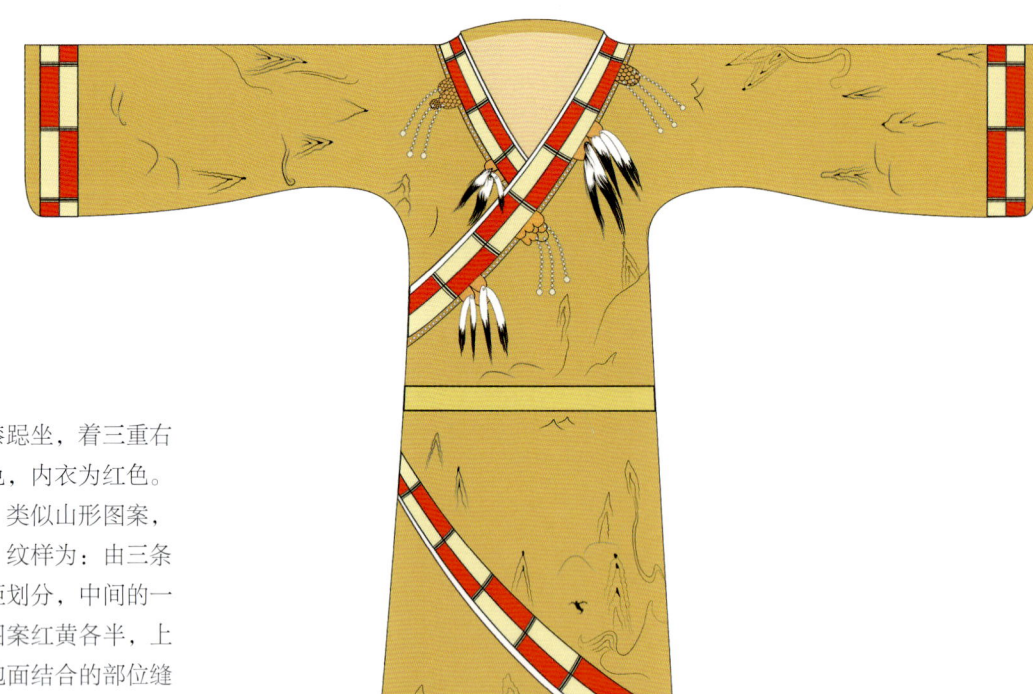

俑发髻后挽，双手拢膝跽坐，着三重右衽深衣，中衣与外衣为黄色，内衣为红色。外衣上描绘着黑色的花纹，类似山形图案，领襟和袖口有宽宽的缘边，纹样为：由三条细黑线组成一组将缘边等距划分，中间的一条线较粗，所画出的每段图案红黄各半，上下也是红黄相隔。衣缘与袍面结合的部位缝缀着宝珠，宝珠细密。每间隔一段距离，嵌宝珠的位置改为由成组的略呈半圆形的饰物组成的花片，花片下有的缝缀串珠，有的缝缀流苏。流苏与串珠所用的花片也不相同，连缀流苏的花片半圆形饰较大，每组三个，呈三角形布置；连缀串珠的花片则较为细碎，半圆形饰物较多。前身流苏与串珠装饰相间分布，背后在领下部装饰三组流苏。流苏顶端与花片结合的位置装饰着较小的宝珠。珠饰以三串为一组，连接在花片上。宝珠都为圆形，大小排列很有规律，连接花片的宝珠较小，而串饰最下端的那一颗最大。当这位美丽的侍者起身行走时，串珠随着身形移动而左右摇曳，流苏也随风轻轻拂动，华服丽人美不胜收。

史书上对装饰珠玉的服装也有记载。公元前 74 年，霍光等立昌邑王刘贺为帝，二十几天后霍光联合群臣废黜刘贺。上官皇太后下诏要刘贺来见她，刘贺当时见到的情形是"太后被珠襦，盛服坐武帐中"。根据目前掌握的资料，北洞山楚王墓女侍俑所穿的这件珠玉深衣是所知唯一一件可以完全还原衣服形制的汉代珠玉深衣，是我国古代服饰史研究中极为难得的珍贵实物资料。

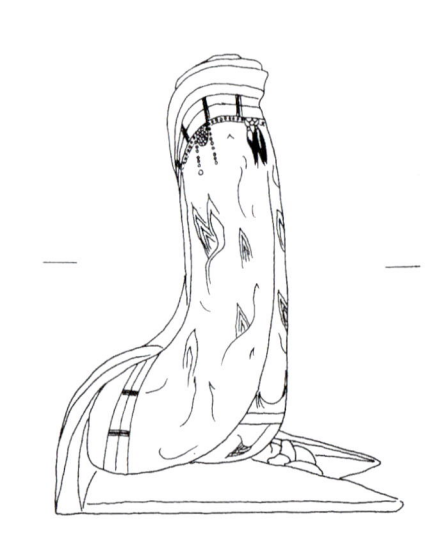

177

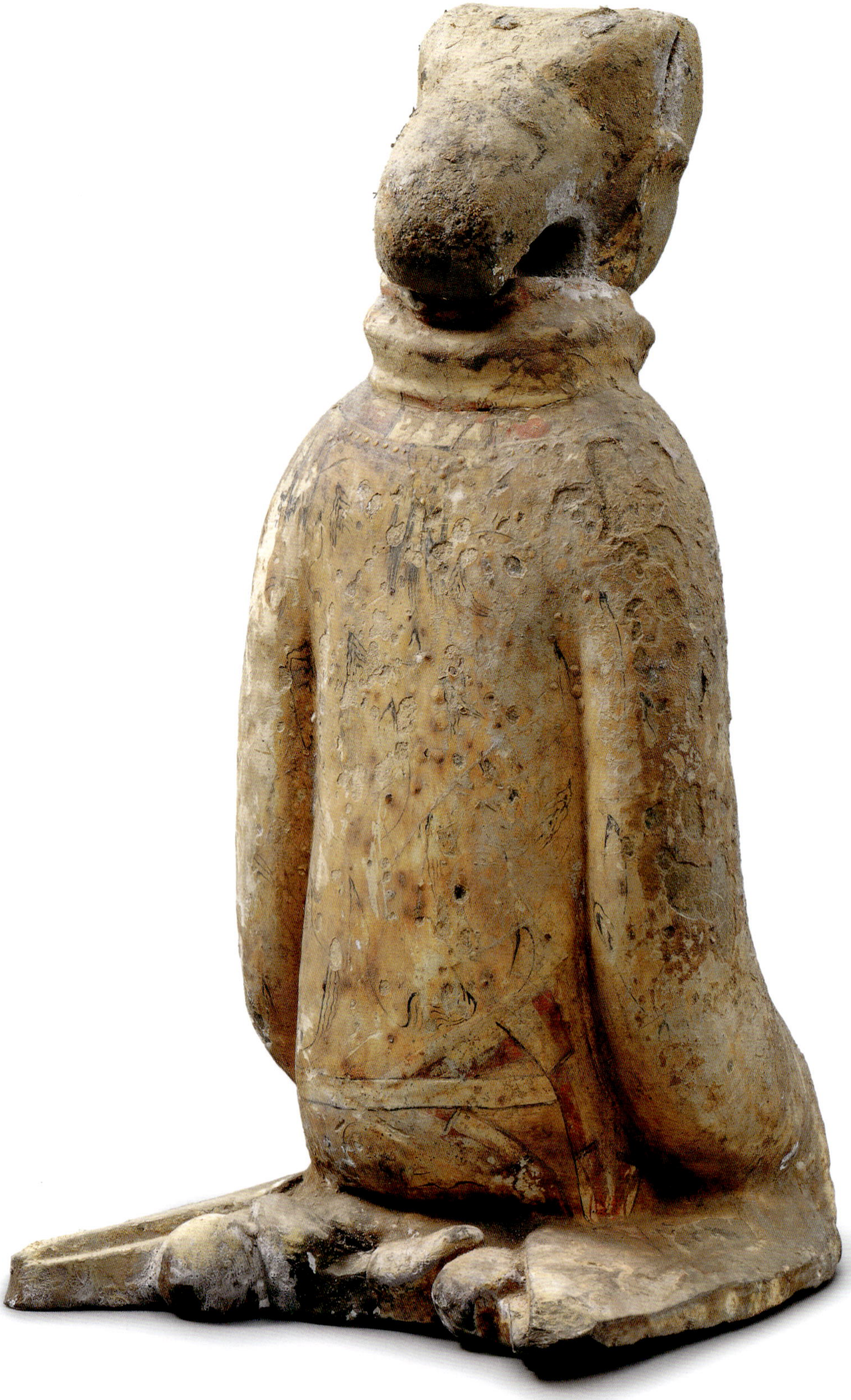

彩绘陶女立俑

西汉
宽 16 厘米，高 52 厘米
徐州北洞山楚王墓出土

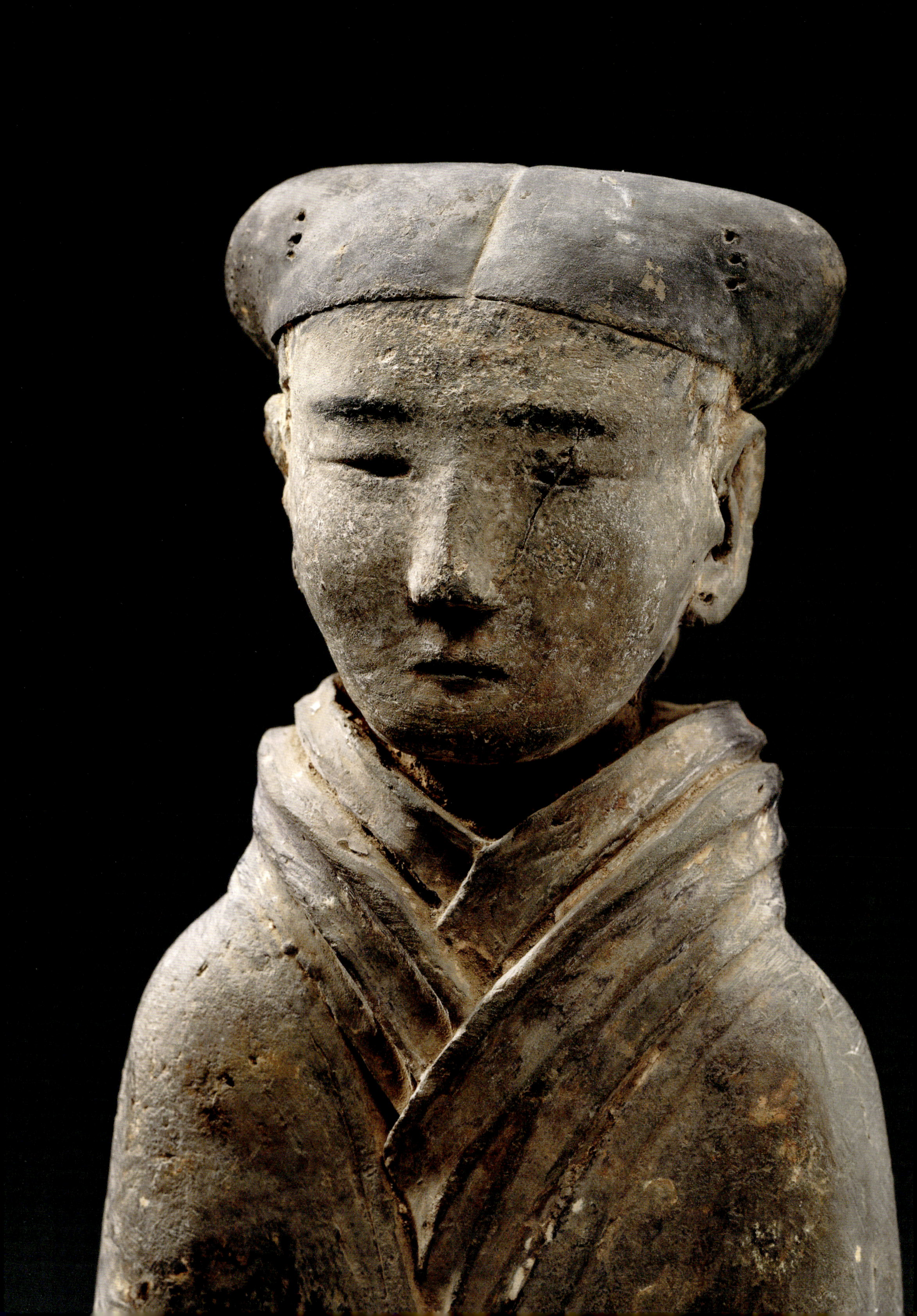

女侍俑

西汉
高 52 厘米
徐州卧牛山楚王墓出土

西汉早期，汉朝的礼制还不十分完备，在服制上的约束不多，各地多以既往的习俗、习惯穿着衣物。徐州地区出土的西汉早期陶俑反映了先秦楚式服装的风格。湖南博物院收藏的长沙子弹库楚墓出土《人物御龙帛画》和陈家大山楚墓出土《人物龙凤帛画》中，分别描绘了一名男性和一名女性，二人都着深衣，深衣下摆褒博，有一大片拖曳在身后，其状很像"燕尾"。徐州汉俑中也多见这种服饰，如米山汉墓出土的女立俑、北洞山楚王墓出土的女侍立俑等，一些描绘刻画较为细致的跽坐女俑身后也可看到燕尾状的衣角。而表现"燕尾"最为明显的是卧牛山楚王(后)墓出土的女侍俑，这件俑身材修长、衣袖广博，腰部表现得很是纤细，深衣的下部形成宽大的喇叭口形，并长长地甩在身后，气质恬静而温婉。女俑的服装与帛画中的人物服装极其相似，应是典型的楚服。

长沙陈家大山楚墓出土的《人物龙凤帛画》女子服饰

钟鸣鼎食

楚王的地下宫殿里出土的大量日用陶器、铜器、漆器、玉器、玻璃器、果核及各种动物骨骸揭示了楚王生前宫廷盛宴的规模和内容。狮子山楚王墓出土数个巨大的陶瓮，与之伴出的封泥印文告诉我们，它们是王国属县进贡的各种山珍海味和粮食的盛装器皿。出土的数量众多的鼎、壶、釜、甑、勺、锺、钫、漆案、漆盘、耳杯、卮等反映了当时王宫宴饮的繁缛和奢华。北洞山楚王墓中除彩绘仪卫俑外，还出土各类陶俑200余件，遍布于墓内各室，或许他们中有的一生都在为楚王餐桌上的美味佳肴而忙碌，而有的则因时光流逝、容颜不再而不知所踪。

狮子山楚王墓玉酒器出土现场

铜列鼎

西汉
从左至右：
腹径 31 厘米，高 26 厘米
腹径 27.4 厘米，高 24 厘米
腹径 23.6 厘米，高 21 厘米
腹径 20.3 厘米，高 21.5 厘米
腹径 19.8 厘米，高 20 厘米
腹径 19 厘米，高 16.2 厘米
腹径 17 厘米，高 16 厘米
徐州羊鬼山陪葬坑出土

羊鬼山陪葬坑出土铜鼎 14 件，其中有 7 件大小依次递减，即图中所示的列鼎。这套列鼎均带盖，盖上有 3 个桥形钮，钮上有小圆形凸起。蹄足，附耳，深腹，腹部饰有一周凸弦纹。7 件铜鼎上均刻有记重量及容量的铭文，其中一件铭文为"囗园重十五斤十两"。

周灭商后，周人轻酒器，重食器，逐渐形成了以鼎为核心的铜礼器制度。鼎除了作为炊器与盛食器使用于日常生活，更多被用于贵族宴飨、祭祀等重要礼仪活动。不同于其他铜礼器，鼎被视作权力的象征，西周以来，统治者建立了一套严格的礼仪制度，而用鼎制度则是其中最重要的组成部分。

汉承秦制，揉以周礼，进入西汉社会，周代的一些礼仪制度还在延续。徐州狮子山楚王墓中"食官监"陪葬墓使用了五鼎，东洞山楚王后墓使用了七鼎，这应是周代列鼎制度的延续。从这套列鼎和东洞山楚王后墓所出的列鼎看，西汉列鼎制度已不像周代那样严格，鼎的形制也不完全相同，显然是拼凑而成的。

184

漆绘陶鼎

西汉
腹径 20 厘米，高 15.5 厘米
徐州簸箕山五号墓出土

　　漆绘陶鼎子口，原应有盖。附耳，腹中部有一圈凸弦纹，腹底较平，蹄足。外髹黑漆，上饰红色云气纹。西汉早期彩绘陶器比较多见，漆绘陶器出土不多。该鼎应属明器，鼎的造型模仿当时流行的漆鼎，器表装饰借鉴了漆木器的装饰手法，是一件陶器和髹漆工艺结合的佳作。

鎏金铜钫

西汉
高 58.8 厘米，腹宽 28.3 厘米
徐州狮子山楚王墓出土

铜钫通体鎏金，子母口，短颈，颈部留有一周垂三角纹痕。鼓腹，腹上部两侧有对称的铺首衔环，平底下有圈足，口上有覆斗形方盖。盖上有四只凤鸟形钮，下有子口。整件器物具有西汉早期铜钫的典型特征。钫为酒器。《说文·金部》："钫，方锺也。"

187

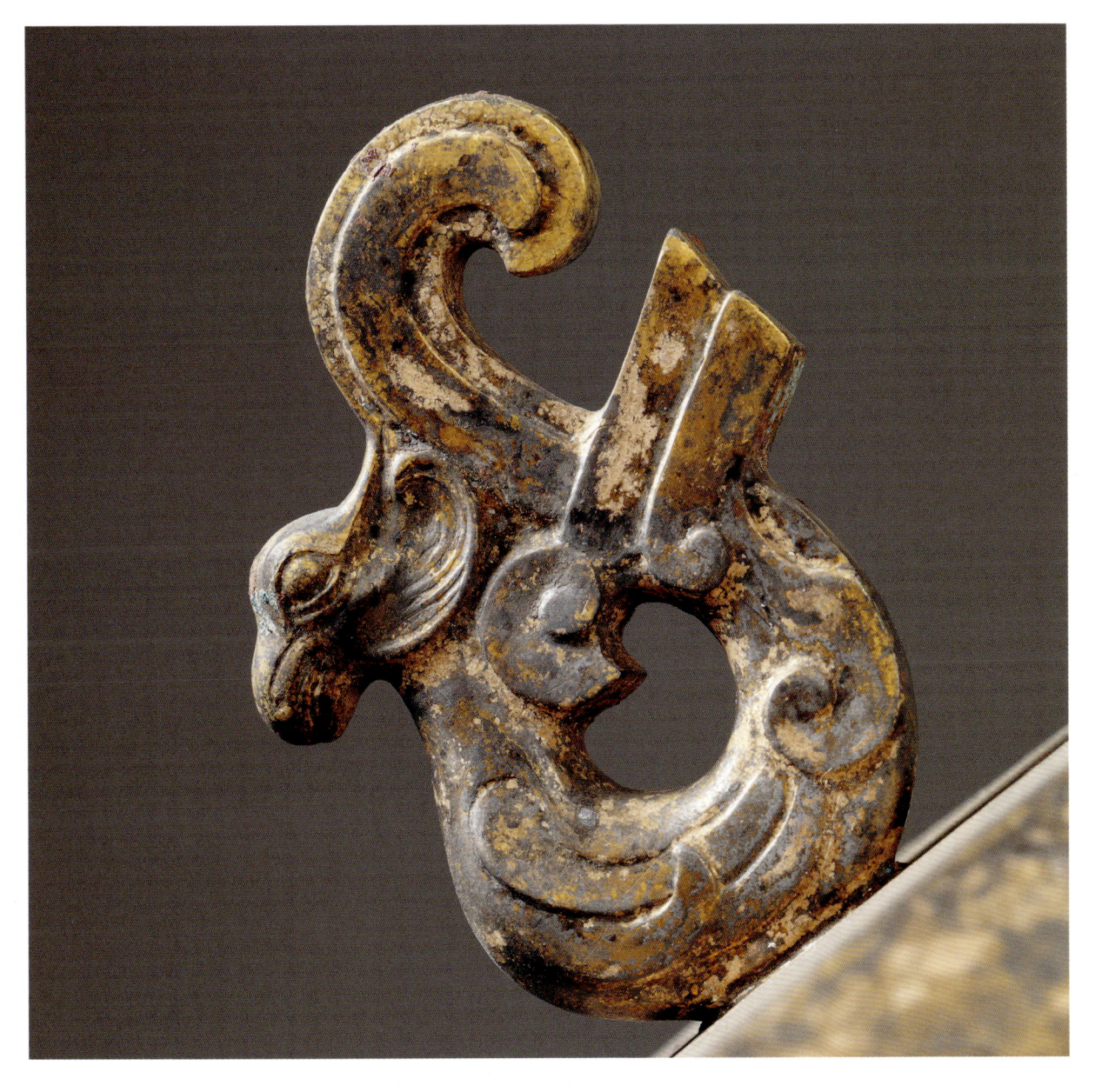

"明光宫"铜锤

西汉
腹径 33.5 厘米,高 44.5 厘米
徐州东洞山二号楚王后墓出土

  铜锤口部微侈,鼓腹,腹部近肩处有两对称的兽首衔环,圈足上刻"明光宫赵姬锤"。口部、颈部和腹部饰有四道扁宽凸环带。汉代,锤常用来盛酒。东洞山二号楚王后墓还出土带有"明光宫"刻铭的铜鼎、铜勺等。文献对"明光宫"多有记载,其位于长安城内。太初四年(公元前 101 年)"秋,起明光宫"(《汉书·武帝纪》),始建国元年(公元 9 年),王莽"改明光宫为定安馆"(《汉书·王莽传》),明光宫前后共存在了 100 余年。

  东洞山汉墓由三座大型墓葬组成。一号墓为楚王墓,明代之前已经被盗,墓主为刘交世系的第八位也是最后一位楚王——刘延寿。汉宣帝时,刘延寿阴谋联络广陵王刘胥,欲拥刘胥为皇帝,事发之后自杀、国除。另外两座是其王后墓,二号墓墓主赵姬原应居住在明光宫中,后来成为刘延寿的王后。赵姬去世后,刘延寿又立新后,是为三号墓墓主,但因刘延寿谋反事发而仓促下葬,因此三号墓出土文物数量少而且质量差,甚至墓葬也仅完成部分甬道。这在史书上也能找到相应的佐证,《汉书·楚元王传》中记载,帮助刘延寿联络广陵王刘胥的人是他的王后的弟弟或母亲的弟弟(取前说)。"宣帝即位,延寿以为广陵王胥武帝子,天下有变必得立,阴欲附倚辅助之,故为其(后)母弟赵何齐取广陵王女为妻。与何齐谋曰:'我与广陵王相结,天下不安,发兵助之,使广陵王立,何齐尚公主,列侯可得也。'因使何齐奉书遗广陵王曰:'愿长耳目,毋后人有天下。'何齐父长年上书告之。事下有司,考验辞服,延寿自杀。立三十二年,国除。"

铜锤

西汉
腹径 35 厘米，高 47.4 厘米
徐州狮子山楚王墓出土

铜锤侈口鼓腹，腹上部有两个对称的铺首衔环，平底矮圈足。整器素面，口、颈、腹及腹下部饰有三圈素面纹带。在锤的一侧，颈与腹的素面纹带之间镌刻有"一钧五斤""十斗六升""楚糟"等字铭。

铜勺

西汉
长 34 厘米
徐州狮子山楚王墓出土

该铜勺出土于狮子山楚王墓内墓道东侧的第 1 室，置于一陶釜内。勺口近方形，有细长把，勺把后端为龙首形，一铜环正从龙口中穿过，造型别致。勺柄上刻有记重铭文"容四升重□□十□两十四朱"。

"明光宫"铜勺

西汉
长 26 厘米
徐州东洞山二号楚王后墓出土

勺头部作圜底钵形，素面。长柄斜直向上，柄端外侧铆一铺首衔环，柄阴刻"明光宫"。

双联玉管

西汉
长 26.2 厘米，宽 2.9 厘米
徐州狮子山楚王墓出土

　　玉管为两根同样的细长圆管并联而成，两端连接处各以浅浮雕技法雕出一兽面纹。兽双目圆睁，两条长长的眉毛弯曲上卷，胡须在鼻端对称分布，须尖下弯，鼻子上端延伸出一冠状饰，显得十分威严。玉管两端均饰有勾连云纹，中部磨光，素面。双联玉管由一整块青白玉透雕出两管，一端封口，两端留出连接部位，设计巧妙，琢磨精细。

　　对于其使用功能，有不同的说法，有专家认为，双联玉管应为用于挹酒的长直柄勺具的柄饰，其下端的双孔用于插入勺头后部的连接部分。这类勺具主要流行于战国晚期至西汉初年，与深腹酒容器（壶、钫）组合搭配使用。

双联玉管使用示意图

铜匜

西汉
长 33.7 厘米，宽 26.7 厘米，高 10.7 厘米
徐州狮子山楚王墓出土

铜匜出土狮子山楚王墓内墓道西侧的第 1 室。匜平面呈椭圆形，腹部下收为方形平底，前部有一长方形流，流口稍宽，流口下刻有"食官 十三 一斗十升 六斤十二两"，后端有一环形钮。匜是水器，常与盘一起使用。

铜釜甑

西汉
通高 44.5 厘米
釜：腹径 38 厘米，高 27 厘米
甑：口径 34 厘米，高 20.5 厘米
徐州羊鬼山陪葬坑出土

铜釜直领，圆鼓腹，圜底。腹上部有对称鼻钮，每钮各穿一圆环，腹中部有长方形扁平鋬四个。铜甑侈口，颈稍内束，腹部斜直下收，腹上有对称鼻钮，每钮各穿一圆环，与铜釜上的环形状一致。甑底部有圆形箅，箅上有孔。釜、甑是汉代蒸食的常用炊器组合，流行于西汉时期，从西汉墓葬中出土的陶灶等模型明器上也能看到这一组合。

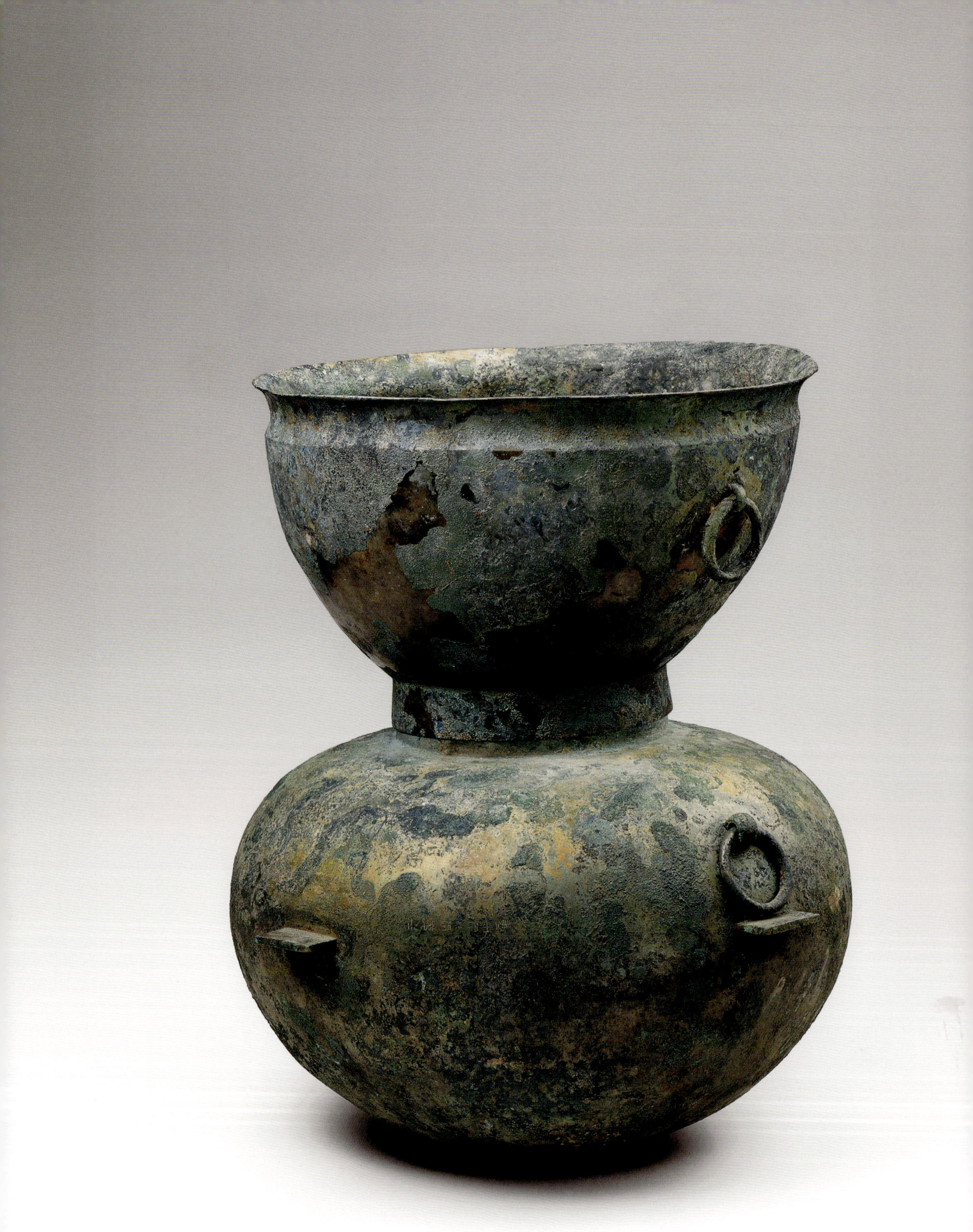

带盖陶釜

西汉
腹径 48.3 厘米，高 37 厘米
徐州北洞山楚王墓出土

　　该陶釜为炊器，泥质灰陶，腹较浅，器表呈黄褐色，烧成火候较高。陶釜子口，圆唇，圜底，上有盖。釜盖斜唇，口微敞，顶部饰有三组同心弦纹，盖面转折处饰有细绳索纹，外壁上有两个錾。

徐州汉画像石艺术馆藏汉画像石中的烤肉情景

铜烤炉

西汉
口径 45.4 厘米，高 16 厘米
徐州狮子山楚王墓出土

　　铜烤炉圆形，平沿，平底，腹部饰有四个铺首衔环，器下部有三个兽蹄足。烤炉是汉代常用的烤制肉食的器具。广州南越王墓出土有长方形的铜烤炉，烤炉内还放置两股和三股的铁叉。另外，河南洛阳西汉墓壁画中绘有烤肉块的场景。东汉时期，画像石上常有烤制肉串的画面。

玉耳杯

西汉
口径 11.1—14.3 厘米，高 3.8 厘米
徐州狮子山楚王墓出土

玉耳杯由整玉雕琢而成，玉色青白，呈半透明状，局部有褐色沁斑。耳杯的杯身呈椭圆形，两侧边沿有桥耳，便于抓握。耳杯杯体厚重，通体抛光，尽显质朴简洁之美。此器与 1 件玉卮、2 件玉高足杯共出，4 件玉器排成一列，组合清晰。耳杯也称羽觞，常用于饮酒，秦汉时期漆、铜、金、银、玉、陶等各种质地的耳杯都有，但以玉耳杯最为稀有尊贵。

玉卮

西汉
口径 6.7 厘米，高 11.8 厘米
徐州狮子山楚王墓出土

由器盖和器身两部分组成，玉质细腻、温润光亮。器盖、器身以子母口相扣合，盖钮为五瓣柿蒂形。盖面外侧凸雕三枚卷云状钮。器身呈筒形，口略大，下有三兽形足，挺拔而不失稳重。口沿及底边各有一卷云纹饰带，其间满饰勾连云纹，整洁而优雅。

卮是汉代常用的饮器，从考古发掘出土和传世的汉代卮来看，主要有玉卮、漆卮、铜卮、陶卮等。玉卮一般由盖和卮体组成，三足，有的带鋬手。卮作为酒器，在文献中多有记载。如《史记·项羽本纪》："项伯即入见沛公，沛公奉卮酒为寿。"《史记·高祖本纪》："未央宫成。高祖大朝诸侯群臣，置酒未央宫前殿。高祖奉玉卮，起为太上皇寿。"

玉杯

西汉
口径 4.5 厘米，高 10.8 厘米
徐州狮子山楚王墓出土

铜行灯

西汉
口径 11.7 厘米，高 9.3 厘米
徐州东洞山二号楚王后墓出土

　　铜行灯直口，口沿外附叶形柄，柄背面阴刻隶书"赵姬家"三字。浅盘，平底，盘内有一高 1.2 厘米的锥形钉，盘下有三蹄足。

石编磬

西汉
宽 21—69 厘米，高 8—16 厘米
徐州狮子山楚王墓出土

狮子山楚王墓共出土石磬 19 件，石灰石质地，皆素面。其中有 9 件尺寸大小依次递减，即图中这套编磬。磬体比例股二鼓三，底边弧曲，倨句角度均为 144 度。股鼓折角处有倨孔，倨孔有磨损，表明这套编磬为实用器。

新石器时代龙山文化时期，磬已出现，成组的编磬出现于晚商。春秋战国时期，编磬的制作已经成熟，造型规范，编列完整，音阶齐全，音色、音准和工艺都达到了极高的水准。演奏时，编磬按一定的音阶被分散悬挂于磬架上，每磬可发一音。磬除了作为乐器外，从一开始就被更多地赋予了礼器的功能，而编磬的出现，则是其礼器功能得到进一步加强的表现。先秦时期，作为礼乐器，编磬的使用有严格的等级限制，只有高级贵族才有使用编磬的权利，而且不同的身份所使用的编磬件数和组合也有所不同。汉代编磬的地位已经下降，世俗享乐的成分增加。汉代出土编磬不多，徐州北洞山楚王墓出土有 1 套编磬，共 11 件，多数残碎，亦为实用器。此外，该墓还出土 2 件灰陶磬，应为明器。

陶击磬俑

西汉
宽 16.8 厘米，高 32 厘米
徐州驮篮山楚王墓出土

击磬俑双手均半握拳，拳心中空，右手上举，左手略低，可能原握有木槌，做击磬状。磬有石磬和陶磬两种质地，敲击时当悬挂在木质磬架上。

陶抚瑟俑

西汉
俑：宽 23 厘米，高 34 厘米
瑟：长 54 厘米，宽 14 厘米
徐州驮篮山楚王墓出土

抚瑟俑的造型与击磬俑基本相同，唯双手手势不同。陶俑脑后挽垂髻，身着右衽曲裾深衣，双膝着地，上身前倾，双臂曲肘前伸，左手做抚弦状，右手做弹拨状。陶瑟与抚瑟俑同出。陶瑟中空，瑟面略呈拱形。首部有 25 个弦孔，尾部有 4 个瑟枘，枘有半球形帽，其内侧有外、中、内 3 条尾岳。内、外尾岳均长 4.8 厘米，各有 8 个弦孔，中尾岳长 5.5 厘米，有 7 个弦孔。

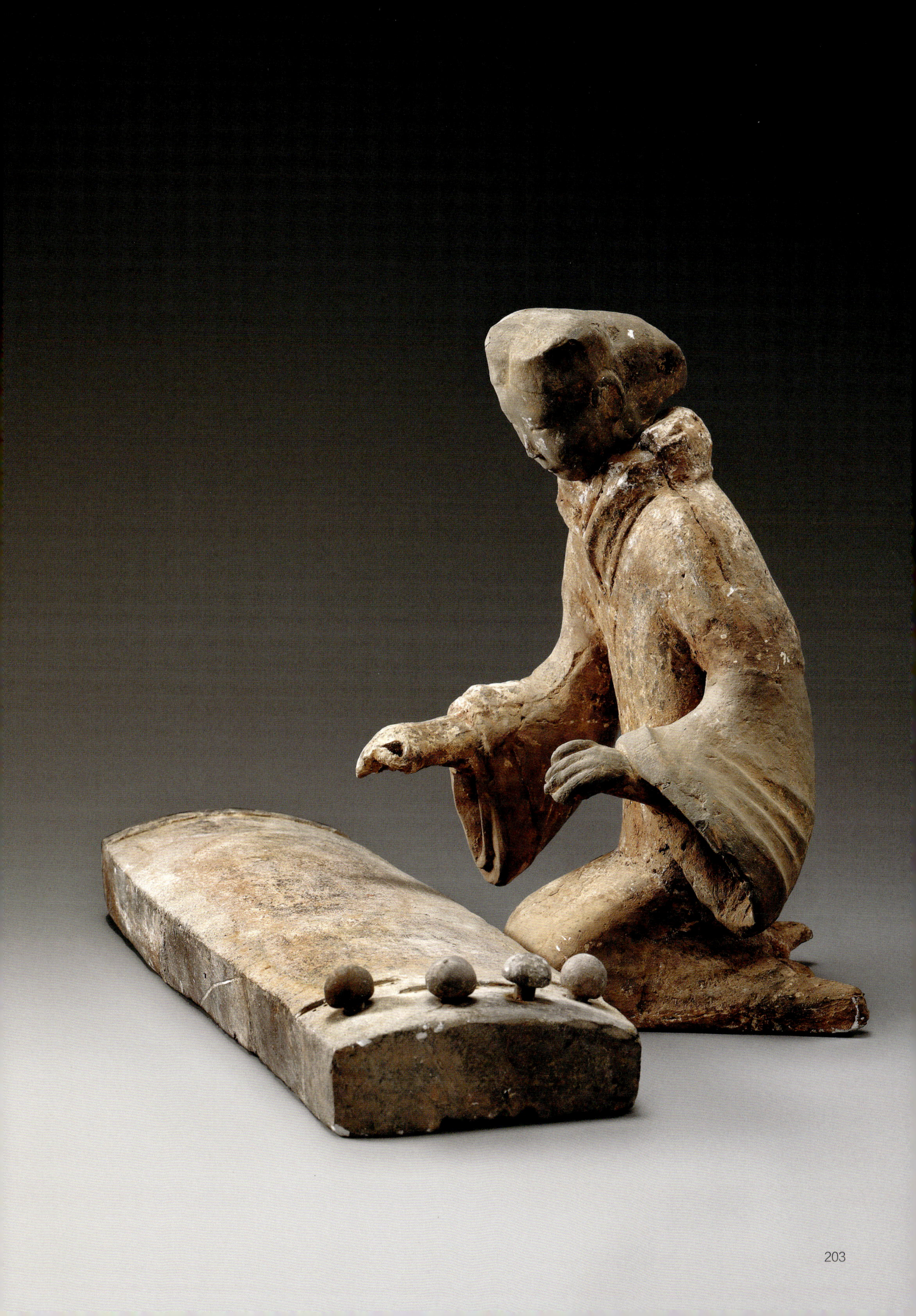

铜瑟枘

西汉
直径 4.1 厘米，高 4.4 厘米
徐州东洞山二号楚王后墓出土

陶吹奏俑

西汉
宽 18.5 厘米，高 34.5 厘米
徐州驮篮山楚王墓出土

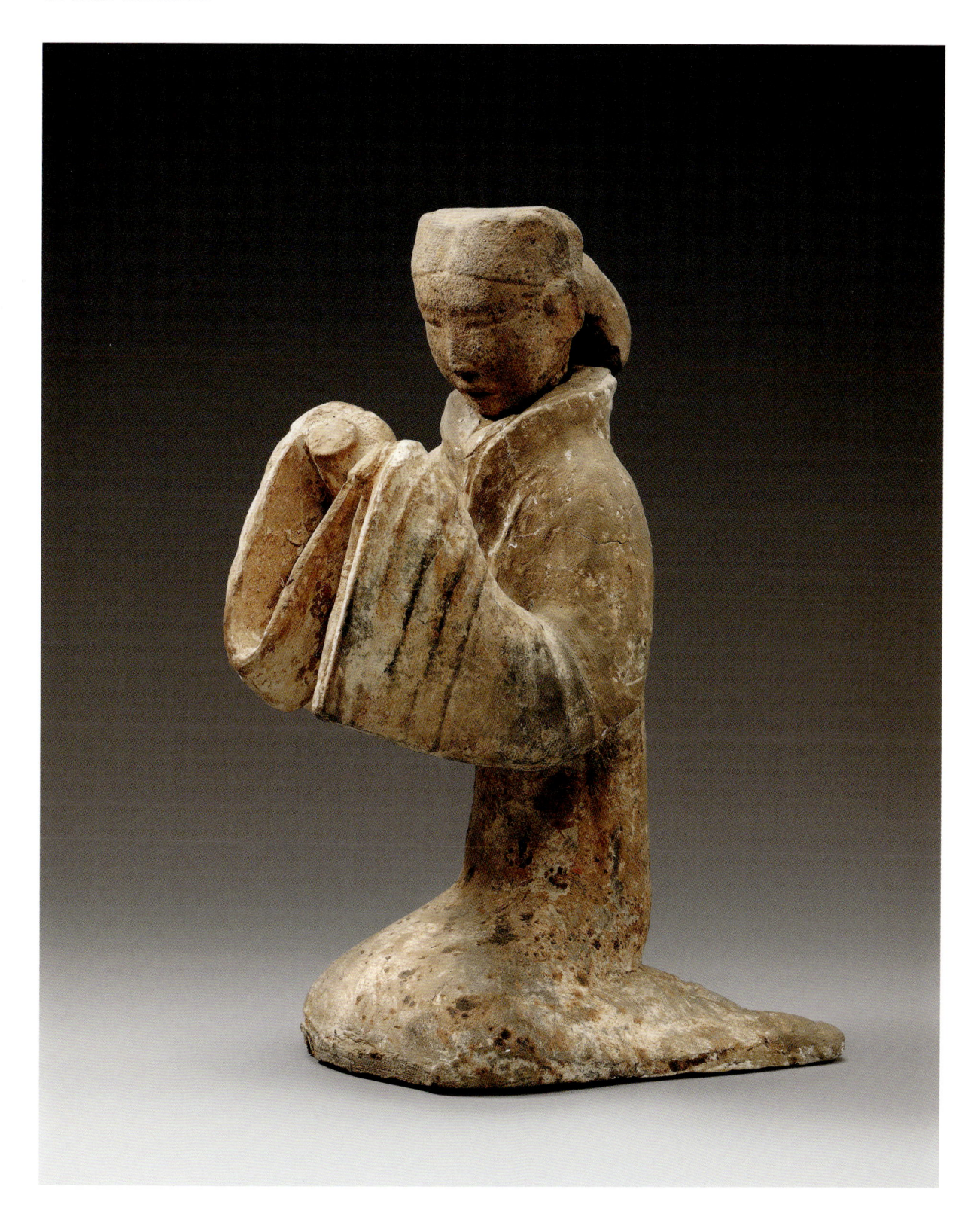

吹奏俑为跽坐姿势，双手缺失，手举乐器至口部做吹奏状。同出的乐器有排箫和笙管两种。

陶舞俑

西汉
左：高47厘米
右：高49厘米
徐州驮篮山楚王墓出土

这两件陶舞俑形制相似，顶发中分，脑后垂髻，身着右衽曳地长袍，上半身前倾，左臂自然垂于体侧，右臂高高上举，长长的衣袖如瀑布垂落，双腿微微前曲，好似舞蹈结束后的施礼动作。舞姿轻盈，潇洒飘逸，右腿略前，左腿稍后，腰肢自然摆动，使身体保持重心平衡，反映出汉代工匠高超的审美情趣和炉火纯青的雕塑技艺。俑为头、身分制，颈下端有圆锥形插榫，可插入空洞的体腔内。舞俑原施有彩绘，大部分已剥落。这些舞俑的形象与北洞山楚王墓出土的舞俑几乎相同，表现的是当时楚王宫内舞者的形象。

207

陶舞俑

西汉
高 44.7 厘米
徐州驮篮山楚王墓出土

　　陶舞俑身着绕襟深衣，顶发中分，于脑后挽成发髻，眉目清秀，身姿娇柔，身体随着舞步的变化呈现出 S 形。双臂上举，左、右上臂前后各刻有一"五"字，长长的衣袖抛出后从空中向身后飘下，动感十足。这类舞俑的身体弯曲度和侧转度各不相同，舞姿亦有变化。北洞山楚王墓出土有 20 件类似的舞俑，手臂弯肘处也刻有"五"字，笔画内填红彩。舞俑的手臂呈曲尺形，为单独烧制。这样的绕襟衣陶舞俑在其他地区未见出土，是了解西汉早期舞蹈造型的重要实物资料。

　　楚王宫廷中乐舞场面宏大，即便是被盗扰多次后，北洞山楚王墓仍出土抚瑟俑 10 件，击磬俑 2 件，敲钟俑 1 件，吹奏乐俑 2 件，乐队的规模至少 15 人。该墓还出土举袖舞俑 27 件，抛袖舞俑 20 件，说明宫廷的女舞者规模应不止于此。想象一下，在楚王宏大的宴乐厅内，钟磬之声响起，琴瑟弦音渺渺，排箫和笙竽悠扬，数十位身材曼妙的女子款款走到中央，长长的衣襟裹着她们秀美的身躯，更显体态玲珑。跟着音乐的节奏，她们的动作或分或和，或聚或散，婉转回旋，长袖飘飘。而上述两种舞俑在同一墓葬、同一场景下出土，表现的动作却完全不同，一个蓄势待发、欲说还羞，一个高亢奔放、热烈张扬，这正是汉代工匠的高超之处，将群舞节奏转换的瞬间呈现在世人面前。

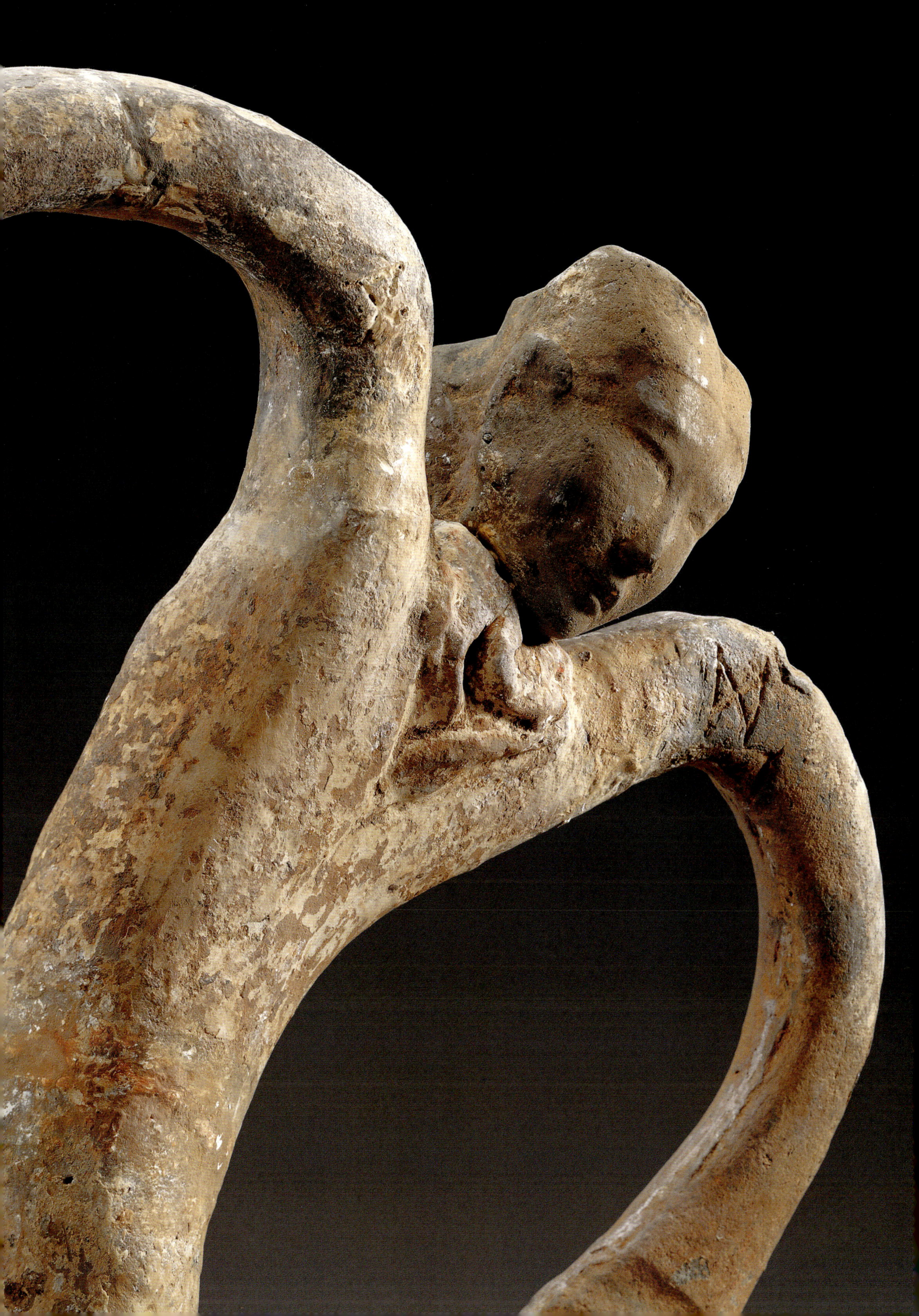

第四单元

长生无极

"生年不满百，常怀千岁忧"，生与死是人类思想史上一个永恒的主题，似乎没有一个朝代如汉代这样，将长生的梦想表达得如此淋漓尽致。当时的人们"以为死人有知，与生人无以异"，认为死亡并不是生命的终点，即使肉体归于黄土，魂魄也会升入天界或在另一个世界继续存在。为了让逝者在另一个世界过上富足的生活，继续生前的富贵荣华，厚葬的习俗产生了，"厚资多藏，器用如生人"，特别是高等级贵族墓，随葬累以巨万。来生的依托在于陵墓，皇帝及诸侯王等上层统治者的陵墓不仅包括墓葬的本体，周围还有大量的陪葬坑，地面上有寝殿、便殿、墙垣、陵门等成体系的建筑群，他们要将自己的国家都带入另一个世界。西汉刘交世系的楚王开创性地使用了凿山为藏的横穴式崖洞墓，这些墓葬形成了完整的发展脉络和序列。在先秦贵族使用殓葬玉器习俗的基础上，西汉早期楚国兼收并蓄，形成了具有自身特点的以玉衣、玉面罩为核心的较为丰富的殓葬玉器等级系统。

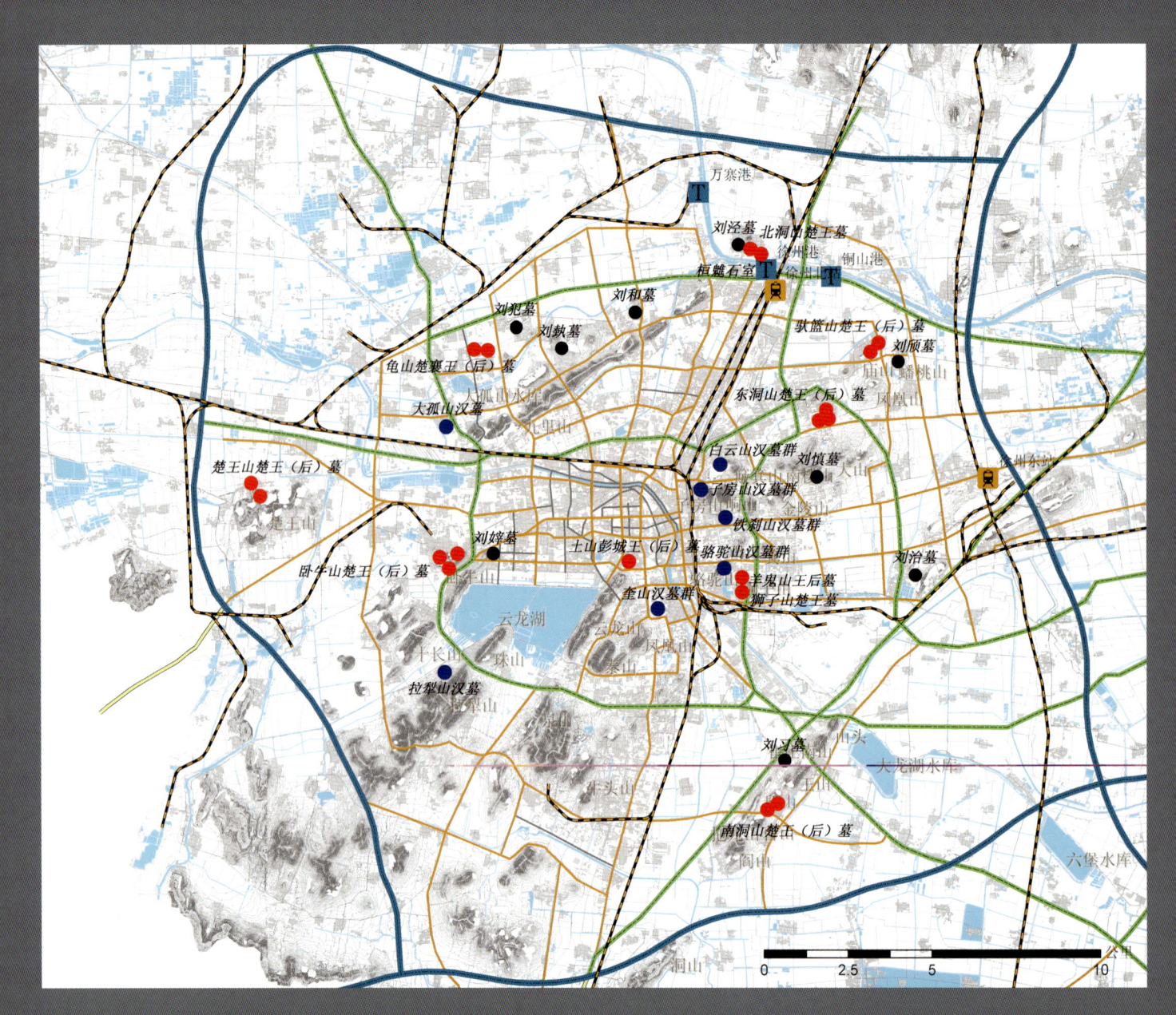

徐州主要墓葬（群）分布图

恢宏地宫

　　徐州是两汉文化遗存较为丰富的地区之一，经过数十年的考古工作，已经发现、发掘汉代墓葬3000余座，以汉楚王墓群最具代表性。汉楚王墓群是全国重点文物保护单位，也被评为我国"百年百大考古发现"之一，已经发现、发掘8处20座楚王、王后墓及陪葬坑、建筑遗址等陵园设施。目前刘交世系的8处楚王陵墓均已发现，这些墓葬均开凿于山体之中，是横穴式的大型崖洞墓，结构独特、构思奇巧、传承有序，形成了在国内独一无二的横穴式崖洞墓发展序列的样本，是汉代高等级墓葬极具特色的组成部分。

徐州狮子山楚王墓发掘现场

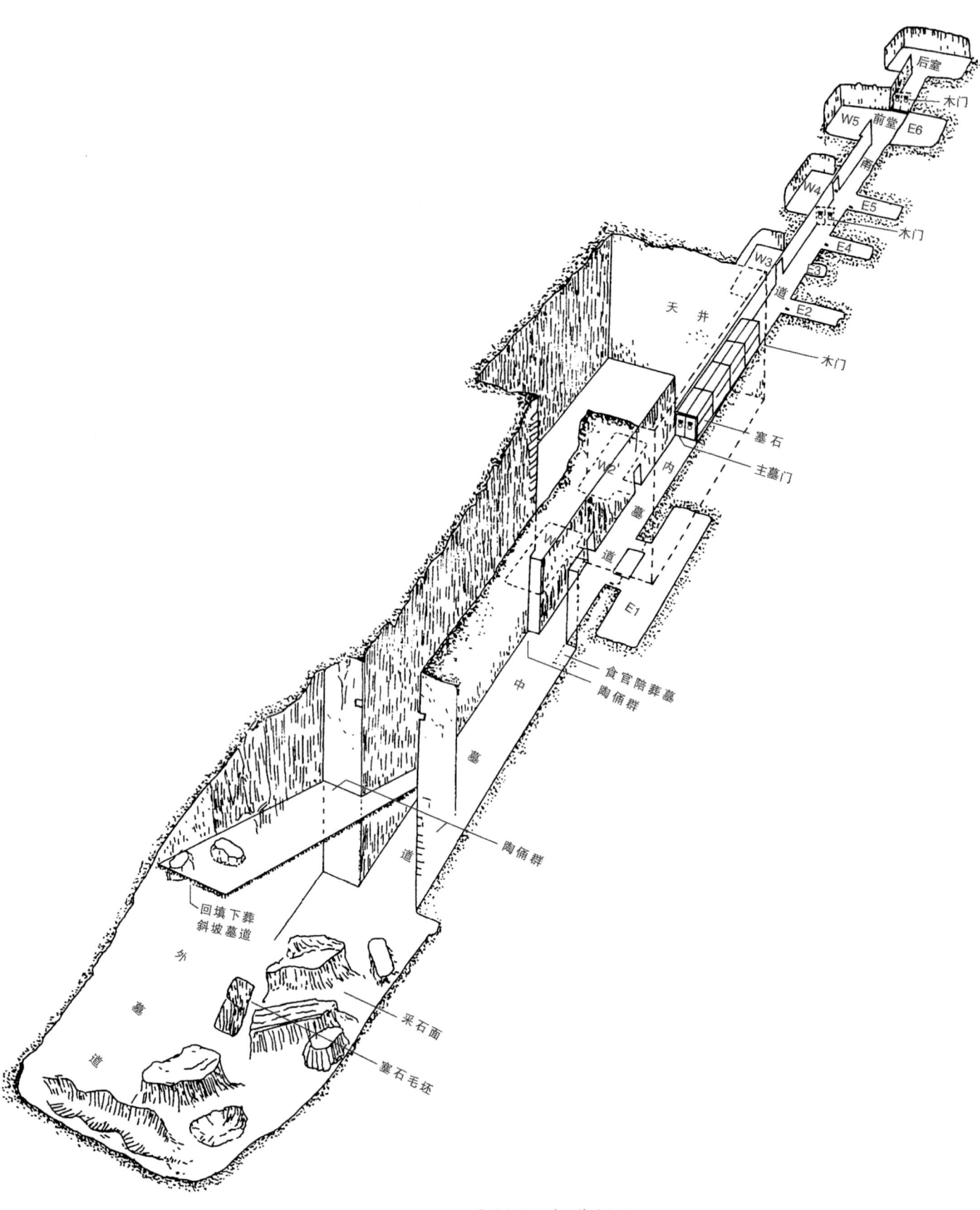

徐州狮子山楚王墓透视图

徐州北洞山楚王墓透视图

横穴式崖洞墓一般由墓道、甬道、前室、后室、耳室等组成，格局上模仿现实的宫廷建筑。墓道也称作羡道，象征进入宫殿的长道，前室为墓主人歌舞宴享之所，后室是墓主人的起居之处，耳室一般置于墓道或甬道的两侧，有仪卫、府库等功能。结构复杂一些的楚王墓还有厕所、浴室、武库、仓储室、水井、冰室等。

狮子山西汉楚王墓规模最大，全长 117 米，由外墓道、中墓道、内墓道、天井、甬道以及 10 余间墓室组成，建筑面积达 851 平方米，凿石量超 5000 立方米。北洞山楚王墓主体墓室有前室、后室、侧室等，象征楚王生前的宫殿；附属墓室有盥洗间、更衣间、乐舞厅、水井、柴房、厕间等生活设施。建筑形式方面，楚王墓室也尽力模仿生前宫殿的样式，如驮篮山楚王（王后）墓的墓室有平顶、两面坡顶、四角攒尖顶、盝顶等多种形式。

徐州驮篮山楚王墓墓室内景

215

石厕

西汉
长 108 厘米，宽 86 厘米，高 73 厘米
徐州驮篮山楚王后墓出土

石厕原在距地面高 1.5 厘米、长 149 厘米、宽 115 厘米的厕台上，厕台中部靠后墙凿出规整的长方形厕坑，并利用山岩裂隙作象征性的排泄道。厕坑两侧是前部有斜坡面的长方形踏板。

厕所制作精细，组合部件磨制平整光滑。如厕时蹲下有靠背、扶手可倚，起身时可抓握扶柱立起，设计十分合理。驮篮山楚王后墓的厕间隔壁建有沐浴间，地面雕琢方形浅槽，人可站在槽里面进行沐浴。厕间和沐浴间设计科学，建造得十分考究，在当时无疑是比较先进的卫浴设施，这也从一个侧面反映了楚国王宫生活的奢华和时尚。

徐州龟山楚襄王刘注墓墓室

薄葬刻石

西汉
宽 101 厘米，高 85 厘米
徐州龟山楚襄王刘注墓出土

龟山汉墓是楚襄王刘注及其王后的墓葬，由墓道、甬道、耳室、侧室、前堂、棺室等部分组成。为同茔异穴夫妇合葬墓，有壶门相通。在刘注墓甬道第一块塞石朝向墓道的一侧，塞石的右上角有编号"第百上石"，正文共有44字，自左及右竖行排列，计9行，每行4—7字不等。正文释读为："楚古尸王通于天述：葬棺椁不布瓦鼎盛器，令群臣已葬去服，毋金玉器。后世贤大夫幸视此书，目此也仁者悲之。"有学者将这块刻有文字的塞石称为"薄葬刻石"。

汉代厚葬之风蔓延，造成了社会财富巨大的浪费，一部分人提出应该实行薄葬，汉代统治阶层中尤以汉文帝最具代表性。《史记·孝文本纪》记载："治霸陵皆以瓦器，不得以金银铜锡为饰，不治坟，欲为省，毋烦民。"并要求："其令天下吏民，令到出临三日，皆释服。毋禁取（娶）妇嫁女祠祀饮酒食肉者。自当给丧事服临者，皆无践。绖带无过三寸，毋布车及兵器，毋发民男女哭临宫殿。宫殿中当临者，皆以旦夕各十五举声，礼毕罢。非旦夕临时，禁毋得擅哭。已下，服大红十五日，小红十四日，纤七日，释服。佗不在令中者，皆以此令比率从事。"相比之下，刘注的薄葬令虽略显简短，但其薄葬思想与汉文帝一脉相承，甚至"令群臣已葬去服"，要求臣子在他入葬之后就不再服丧，较之汉文帝更进一步。

将刻有薄葬内容的文字刻在塞石上，并放置在甬道最前端，其初衷是防止墓葬被盗掘，这种防盗的方式，为目前所仅见。对楚襄王刘注墓部分墓室的发掘表明，刘注的确在一定程度上实行了薄葬，这在盛行厚葬的汉代无疑具有一定的先进性。

玉佑长生

殓葬玉器是指那些专门为保存尸体而制造的随葬玉器。先秦时期最先产生的是以玉面罩（或称缀玉幎目、缀玉覆面等）为核心的葬玉组合，玉面罩在西周中期已见到雏形。战国时，齐鲁及楚地出现了以组玉璧殓葬的方式，将数量不等的玉璧有规律地铺陈于尸体上下。两种不同的殓葬方式各自体现的地域性较强，在战国晚期平行发展。西汉早期，楚国对前代不同地域的殓葬玉器系统进行了整合，在沿用既有器类的基础上，又出现了玉衣、镶玉漆棺、玉枕、玉豚等新品类。楚国的上层人士根据自己的需要，将这些殓葬用具划分出不同的层级，形成了以金缕玉衣、银缕玉衣、玉面罩为主要等级差别的殓葬玉器系统。

狮子山楚王墓镶玉漆棺玉片出土情况

铁刹山汉墓 M11 玉面罩、玉枕出土情况

小长山汉墓 M4 玉面罩出土情况

金缕玉衣

西汉
长175厘米，肩宽68厘米
徐州狮子山楚王墓出土

玉衣出土时已散乱，被盗墓者从棺室中拖至塞石上，抽走金丝，玉衣片散布于内墓道塞石上和盗洞内塞石之间的夹缝中，不少玉片在抽金丝时被损坏。玉衣片尺寸较小，最大的不足9平方厘米，最小的还不到1平方厘米，有的厚度仅1毫米。出土的4000余片玉衣片，形状多样，有正方形、长方形、半月形、三角形等，在四角或周边钻孔，单面钻，孔径极小，表面经过打磨抛光，玉质温润，呈半透明状。2001年徐州博物馆对玉衣进行修复。修复后的玉衣由头罩、前胸、后背、左右袖筒、左右裤管等部件组成，玉片总数为4248片，穿缀玉片用的金丝重1576克。该金缕玉衣是目前国内出土的年代最早、玉片数量最多、玉质最好、制作工艺最精的玉衣。

玉衣是汉代皇帝和高级贵族死后穿用的殓尸用具，用金属丝或丝线将玉片连缀而成，也是汉代最具特色的丧葬用玉。汉代玉衣有金缕玉衣、银缕玉衣、铜缕玉衣和丝缕玉衣等。身份地位不同，玉衣所用缕的材质也不一样。已出土的玉衣资料显示，西汉诸侯王、列侯的玉衣多数是金缕，也有使用银缕、铜缕和丝缕者，这表明，西汉时期玉衣缕质的使用规定并不严格。从目前西汉楚国墓葬出土资料看，只有楚王或王后死后用金缕玉衣，其他王室成员和高级贵族死后使用银缕玉衣、玉衣套或玉面罩，表现出了明显的等级差别。东汉时期对玉衣的使用规定实行严格的等级制度，《后汉书·礼仪志》："大丧……守宫令兼东园匠女执事，黄绵、缇缯、金缕玉柙如故事。""诸侯王、列侯、始封贵人、公主薨，皆令赠印玺，玉柙银缕；大贵人、长公主铜缕。"魏黄初三年（公元222年），曹丕作《终制》禁止使用玉衣，玉衣从此在历史上销声匿迹。

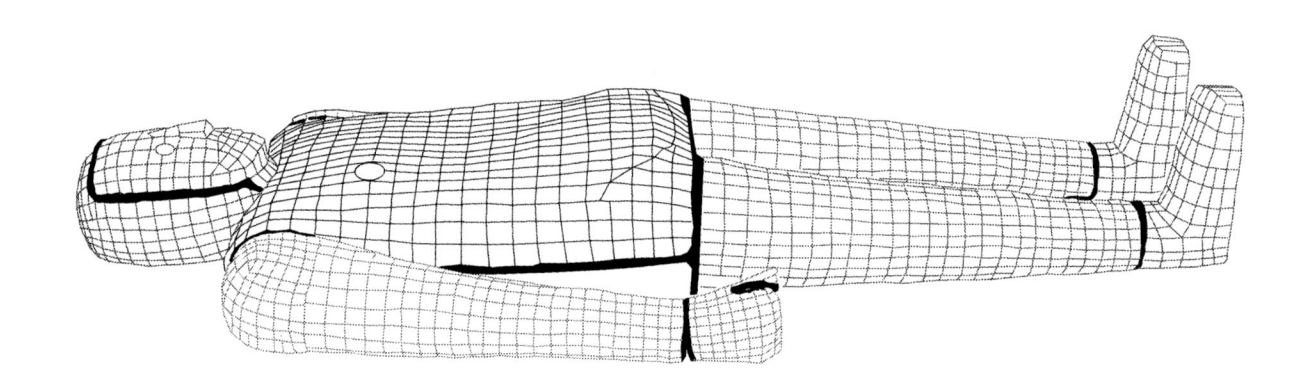

银缕玉衣

西汉
长 181 厘米，肩宽 73 厘米
徐州火山刘和墓出土

由于墓主人尸骨已腐朽，穿缀玉衣片的银缕锈蚀粉化，玉衣坍塌成片状，但玉片的相对位置及组合关系明确，是迄今发现的西汉时期唯一未被破坏、保存完整的银缕玉衣。修复后玉衣长 181 厘米，由 2216 片和田青玉片、1000 克银缕穿缀而成。刘和墓未遭盗扰，墓中"刘和"玉印表明墓主人为刘和，其身份应为楚王家族成员。

222

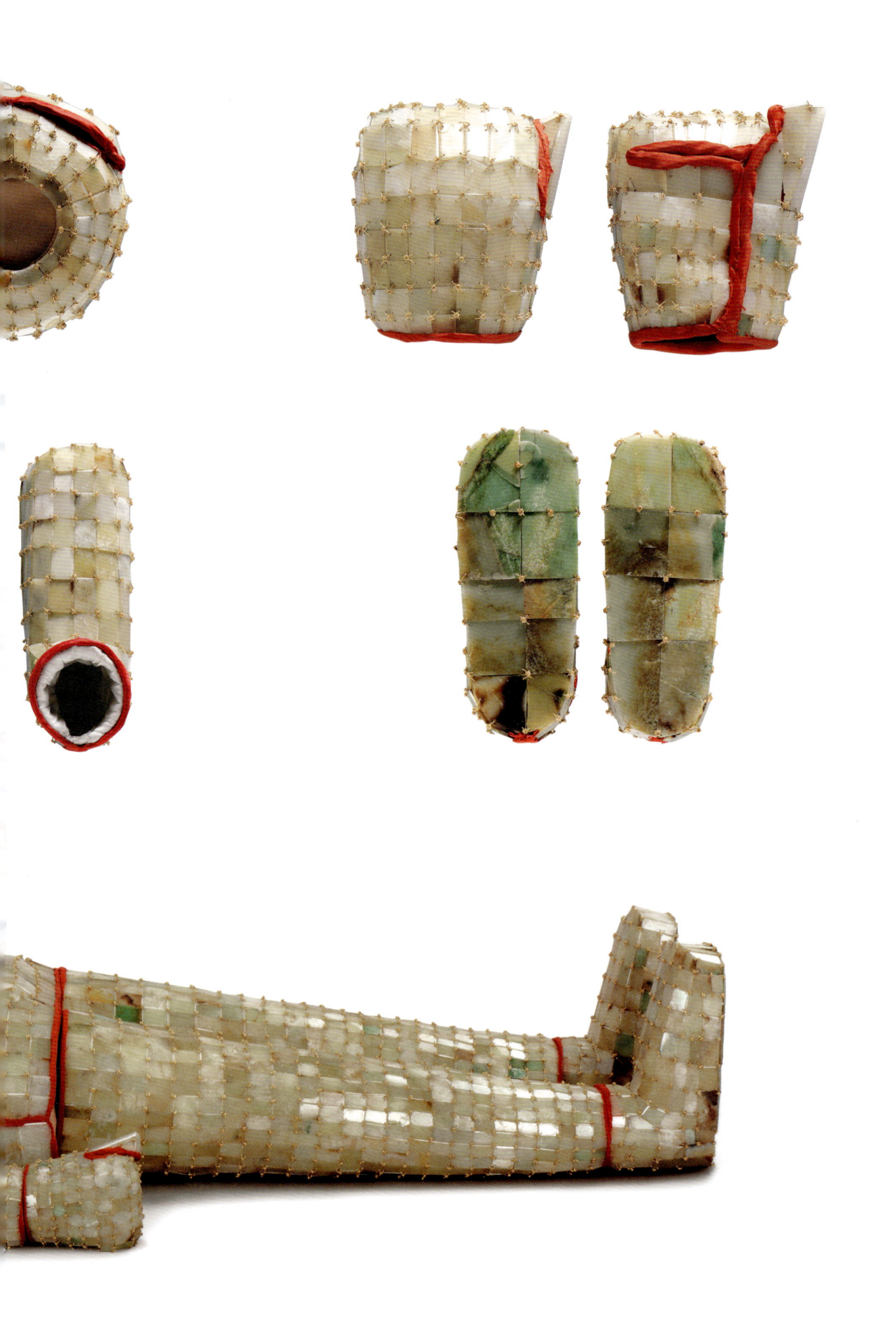

221

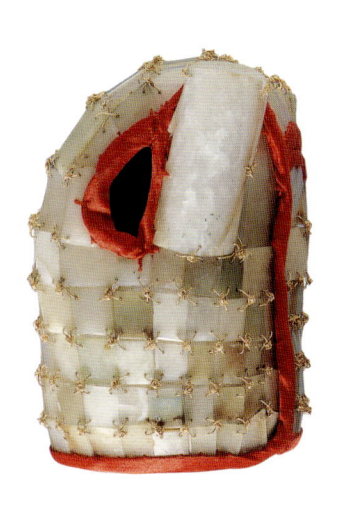

银缕玉衣出土现场

凸字形玉衣片

西汉
宽 2.7—3.3 厘米，高 3.3—4.5 厘米
徐州北洞山楚王墓出土

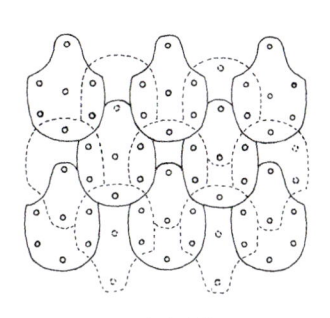

双层编联式

相向密联式

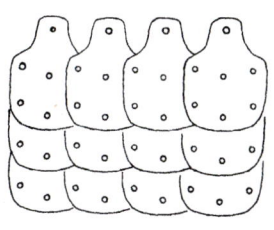

并列编联式

　　这些玉衣片出土于主体墓室和墓道中，共计 73 枚，以凸字形玉衣片为主体，还有少量的梯形、长方形、半圆形、刀形等不规则形状。玉质上乘，有白玉和青玉两种。玉片多为素面，表面打磨光滑，并经抛光处理，光洁细润，呈半透明状。有些玉片上有谷纹或蟠螭纹，系用谷纹玉璧或蟠螭纹玉璧改制而成。

　　以往出土的玉衣都以长方形玉片为主体，北洞山楚王墓的金缕玉衣形制特别，工艺水平高。这种凸字形玉衣片的编缀方式也与长方形玉衣片不同，模拟复原的可编缀方式有双层编联式、双向密联式和并列编联式三种，其中以并列编联式比较合理。北洞山楚王墓出土的玉衣应是受鱼鳞铁甲影响的作品，是楚国玉器作坊的产物。

镶玉漆棺

西汉
内长 278 厘米，内宽 104 厘米，内高 104 厘米
徐州狮子山楚王墓出土

　　镶玉漆棺出土时已散乱，棺木朽毁，大量玉片散落在主墓室内，玉片在盗洞、甬道、东面第 5 侧室和西面第 5 侧室等也有发现。共清理出 1781 片，有三角形、菱形、长方形、正方形、窄长条形、弧形等。其中大玉片厚薄不均，分素面、带孔和带玉璧图案三种，绝大多数玉片背面有朱书文字，内容为其尺寸和方位等。镶玉漆棺局部保持镶贴原状的仅有六组。

　　1998—1999 年，徐州博物馆对镶玉漆棺进行了修复。随着相关研究的逐渐深入，以及对江苏盱眙大云山汉墓出土镶玉漆棺的修复，人们改变了原有的认知，随后又进行了第二次修复。2019 年 4 月完成该玉棺修复工作，玉片组合为五个面，大型矩形玉片镶贴在棺盖内壁，"五孔玉片"与棺体侧板、挡板玉片组合，镶贴在棺体内壁相应部位。现棺内复原镶贴各式玉片 2053 片，总质量约 100 千克；镶嵌大小金泡钉 826 枚、鎏金铜泡钉 10 枚，使用黄金约 1.5 千克。修复后棺内长度 278 厘米（约合西汉 12 尺）、宽高各 104 厘米（约合西汉 4 尺 5 寸）。

　　西汉时期，出现了在棺壁上镶嵌玉璧和玉片的做法，形成镶玉漆棺。徐州北洞山楚王墓出土了镶嵌玉璧及鎏金璧形铜饰，河北满城西汉中山靖王刘胜之妻窦绾墓出土了一具镶玉漆棺。江苏盱眙大云山江都王后墓虽被严重盗扰，但玉棺形制得以复原。使用镶玉漆棺的墓主均有玉衣，但以玉衣随葬的墓主并非都使用镶玉漆棺。镶玉漆棺使用玉材数量惊人，除漆棺表面镶贴玉片面积远较玉衣为大外，镶玉漆棺使用玉片的厚度一般都达到玉衣所用玉片厚度的一倍，有些甚至更厚，所需的玉材数量巨大。

镶玉漆棺玉片出土现场

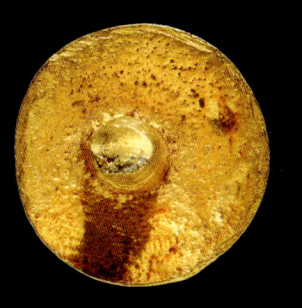

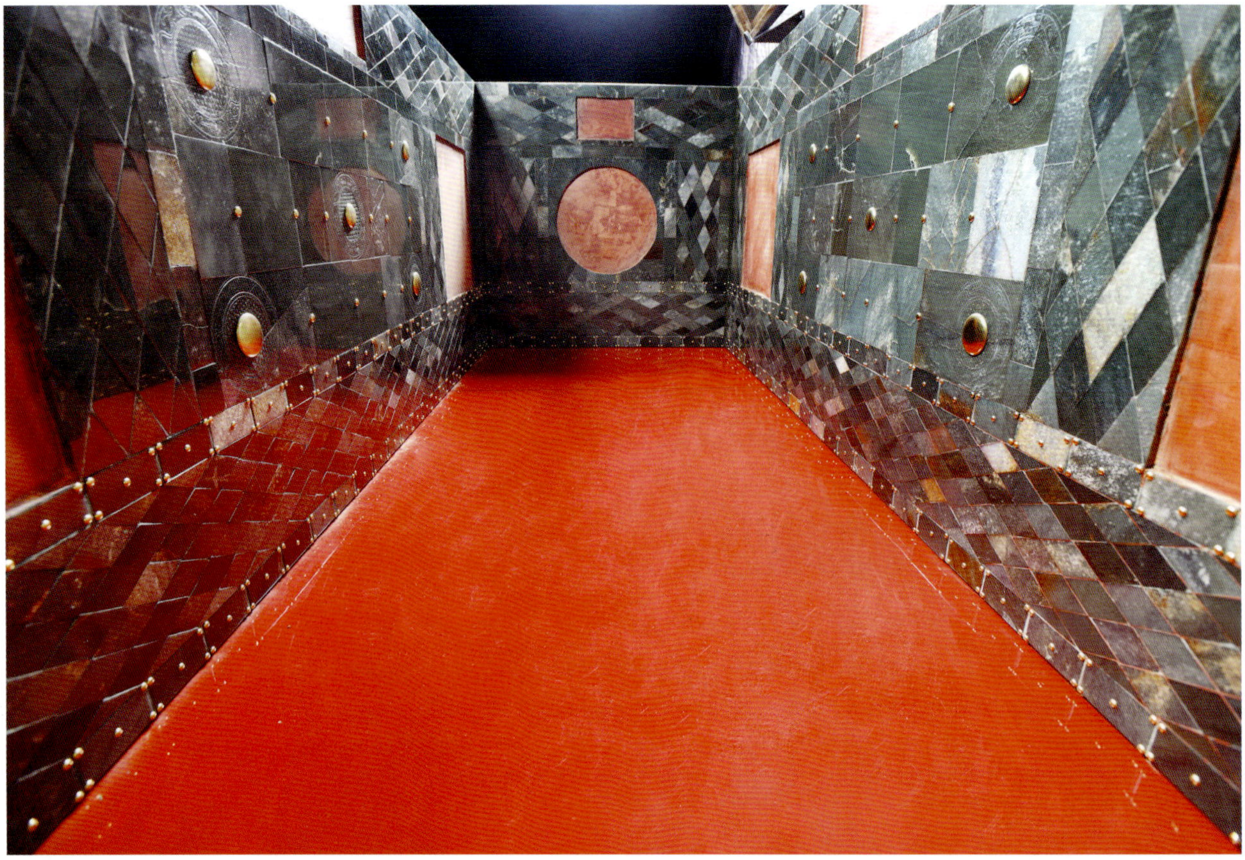

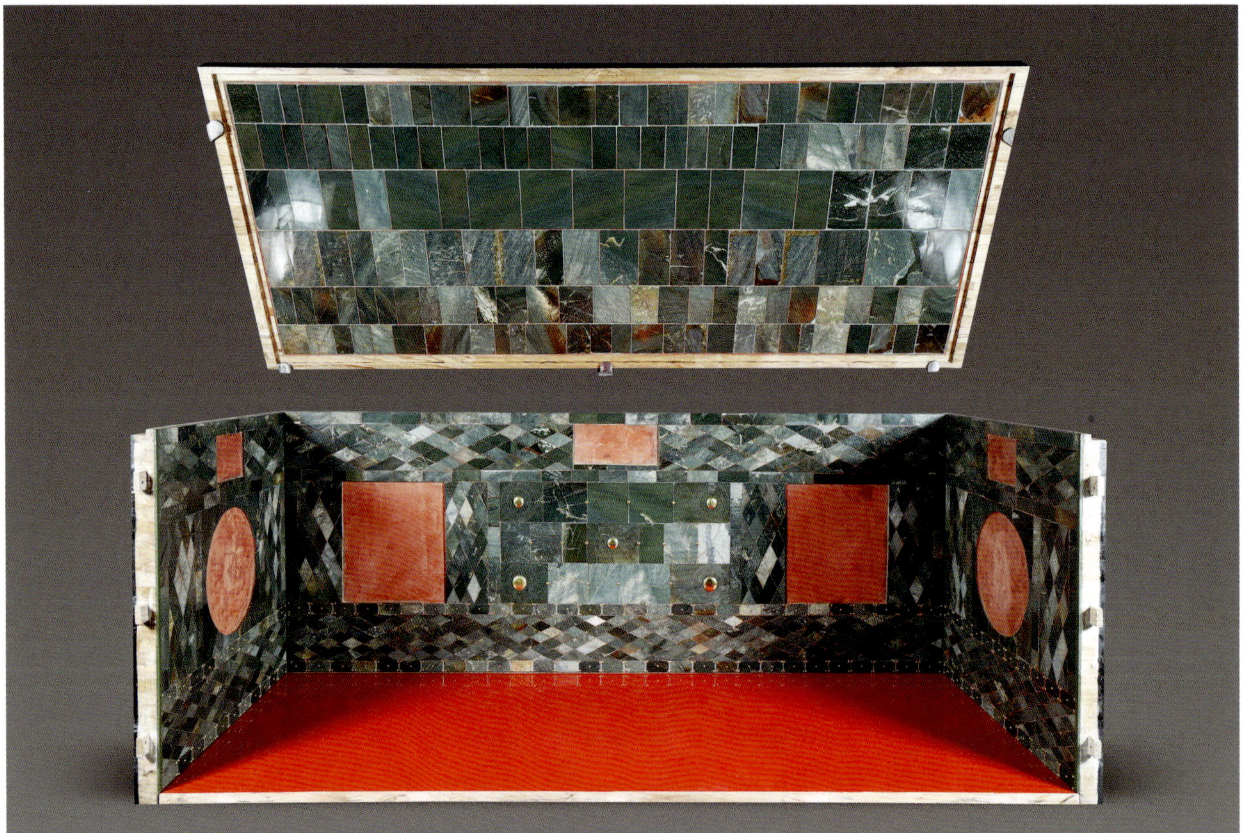

鎏金璧形铜饰

西汉
直径 18.4 厘米
徐州北洞山楚王墓出土

北洞山楚王墓共出土 5 件鎏金璧形铜饰。璧形铜饰为圆形，器表鎏金，中心为一微微鼓起的圆面。中心之外的纹饰分为两区，内区为两条对称夔龙，外区为四条互相对称的夔龙。璧形铜饰背面都有一小方钮，有的钮旁有"二""七"刻文。背面多素面，只有一件饰有浮凸的夔龙纹。图中这件璧形铜饰的背面无纹饰，方钮上铸有一个"五"字。因钮孔过大，工匠用锡填塞，使孔变小。

"食官监"玉枕

西汉
长 35.5 厘米，宽 7.8 厘米，高 9.5 厘米
徐州狮子山楚王墓"食官监"陪葬墓出土

　　这件玉枕出土于狮子山楚王墓内的一座陪葬墓中，该墓出土有一枚方形铜印，印文为"食官监印"，可知玉枕的主人是负责楚王饮食的官员。玉枕呈板凳状。由枕足、枕板、兽头饰三部分构成。枕板内为一长方形木枕芯，上面镶饰有 35 片雕琢精美的龙形、长方形、亚字形等玉片。枕板两端为兽头状玉饰。枕腿略呈工字形。这种形制的玉枕还出土于狮子山楚王墓西面第 5 侧室和其他陪葬墓中，使用者应是楚王及陪葬宠妃。整个玉枕雕琢精细，华贵典雅，彰显着使用者高贵的身份。

　　玉枕是西汉王侯及高级贵族墓葬中常用的丧葬用玉。使用玉衣和玉面罩的墓葬多使用玉枕。诸侯王（后）用的玉枕，通常玉的质地较好，雕琢精美，地位稍低的贵族使用的玉枕，玉质相对差些，充分显示出墓主身份和地位的差异。

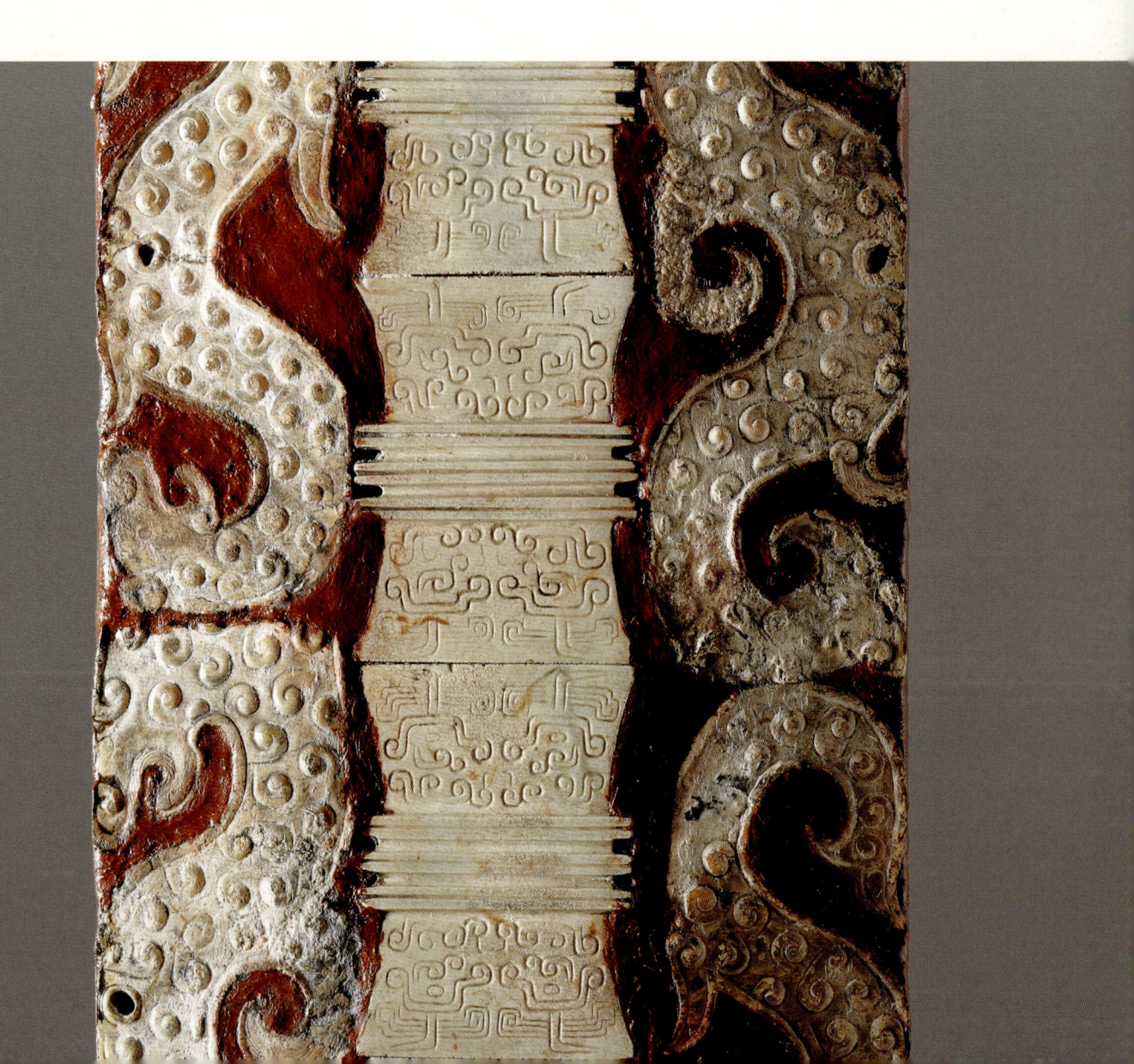

231

鎏金铜架玉枕

西汉

长 37.1 厘米，宽 16 厘米，高 11.4 厘米
徐州后楼山一号墓出土

玉枕分为枕身和枕架两部分。枕架系青铜鎏金，由四龙形器足和底座组成。龙头高昂，龙前爪挺立，龙身及龙尾相交铸于枕架底部，枕架边框刻有纤细的卷云纹。

枕身为长方盒形，放置在枕架上面，由木芯、装饰玉片、鎏金铜构件、金箔等构成。枕身中间的木芯已腐朽，芯外包有一层绢或布。顶面镶贴有 2 块龙形玉片和 6 块小玉片，龙形玉片上饰有阴线刻涡纹，有的地方镂空。两端面各由 3 块玉片和 1 个鎏金铜铺首构成。中央为一半圆形玉片，系谷纹玉璧改制而成。鎏金铜铺首为兽首衔环，置于半圆形玉片的中央。内侧面由 8 块玉片组成，中间的玉片饰有谷纹，拱端中央有一小圆孔，根据其形状可以判断该玉片可能是用龙形玉佩或玉璜改制的。外侧面中间为一鎏金长方形铜框，框内镶有 4 块玉片和 2 个兽首衔环的铜铺首。枕身外面还用金箔镶饰。

整件玉枕造型独特，龙纹图案和枕架上的 4 条龙充满动感，枕身和枕架以铆钉固定，可以随时拆装，别出心裁。枕架和铜饰均鎏金，枕身上还用金箔贴饰，显得异常豪华。后楼山一号墓属北洞山楚王墓的陪葬墓，除玉枕外，还出土有玉面罩、玉玲、韘形玉佩、玉珩等玉器，表明墓主生前具有较高的社会地位。

汉代，道家思想和灵魂不灭的观念盛行，湖南长沙马王堆一号墓出土的帛画描绘了墓主升入天界的景象，龙是升入天界的工具，而天界与人间的分隔处有天门。该玉枕的枕架由 4 条腾龙构成，枕面的装饰也以龙形玉饰件为主，特别是外侧面上的铜框及其他构件组成了门的形象，与马王堆帛画的意涵有异曲同工之妙。

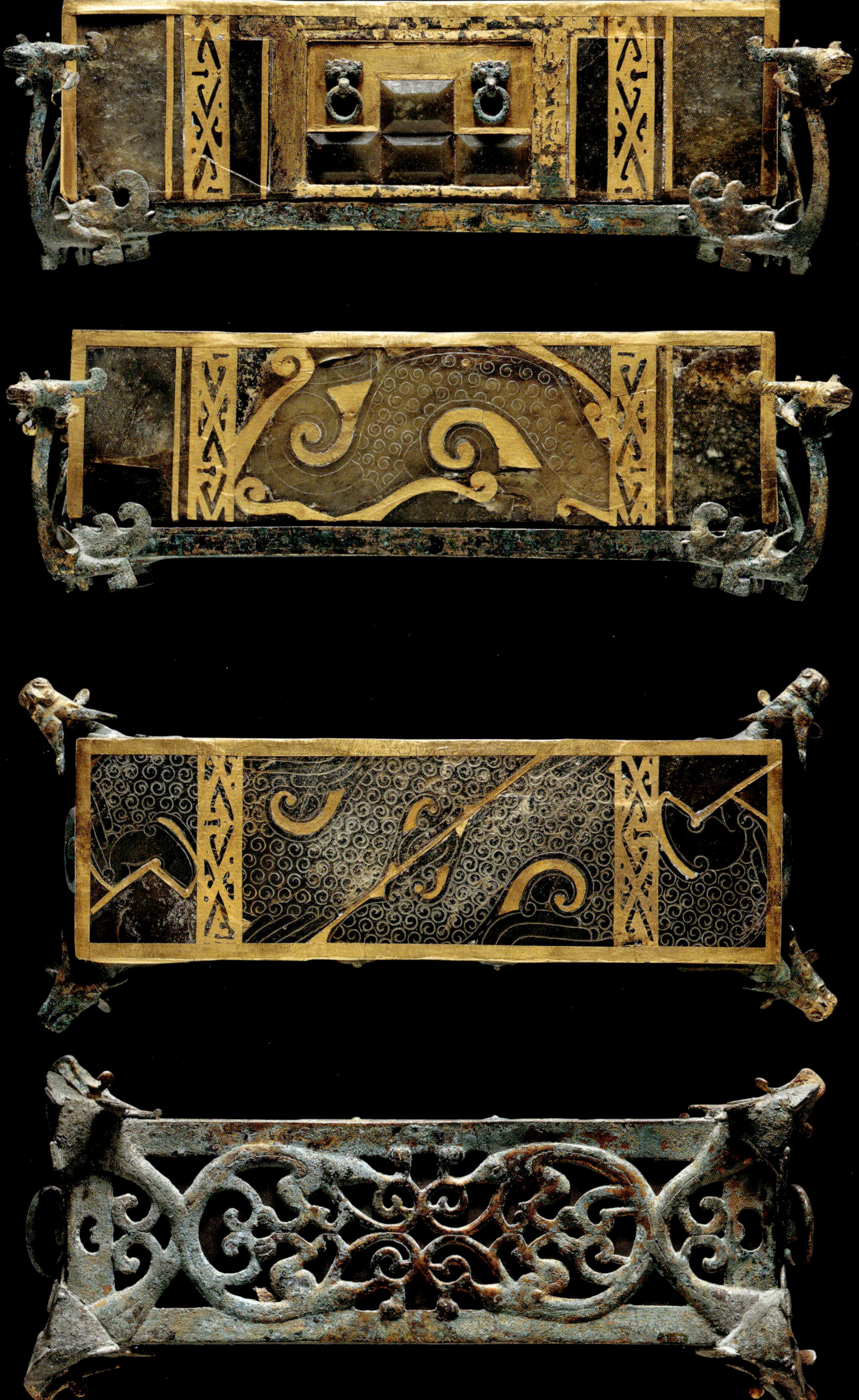

玉枕

西汉
长 28.7 厘米，宽 9.5 厘米，高 8.5 厘米
徐州火山刘和墓出土

枕身为长方形，枕面与前后两侧各镶贴有三组玉片，并以金箔切条贴在玉片上组成菱形及三角形图案，周边以金箔包边。枕面中间一块玉片呈青白色，未用金箔装饰，抛光极为平滑，一侧并有圆润的抹角。枕面两侧各用五块三角形玉片组合而成，拼缝处贴有金箔，十分华丽精美。枕两端各以两块或三块玉片组成，并镶有鎏金铜鼻环，环径 5.5 厘米。

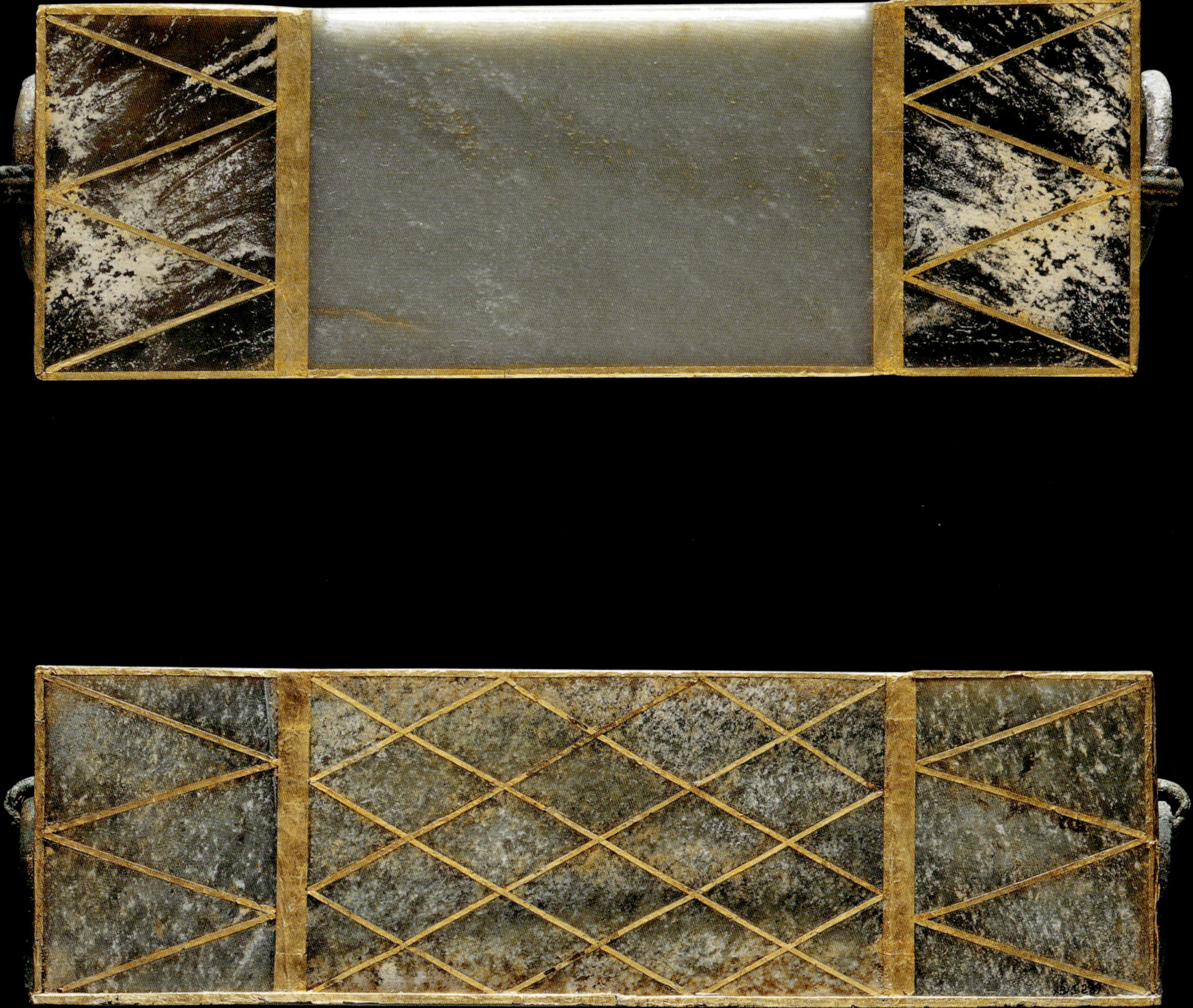

玉面罩

西汉
长 35 厘米，宽 28 厘米
徐州子房山三号汉墓出土

由 23 件玉片组成，玉片多利用残旧玉器改制而成。玉片中有 22 件穿 1—4 孔，应缝缀在织物上。面罩额部由 7 件方形、长方形和圆形玉片组成。眼由 4 件璜形玉片组成，玉片表面饰有涡纹，似用整件玉环截成。耳是分置两侧的 2 件璜形玉片，耳珰由 2 件素面小玉璧组成，玉璧四周有管钻痕迹。鼻为 1 件上窄下宽的玉片，正中饰夔龙纹，其余饰涡纹。颊由 2 组 4 件玉片组成。口由 1 件长方形玉片和 2 件璜形玉片组成，璜形玉片置于口两侧，上饰谷纹，两璜锯切面完全重合，当是由 1 件玉璧对剖而成。面罩除用不同形状的玉片象征五官外，在额、颊等部位有较多的装饰玉片，较为形象和写实。这种写实风格和直接将玉片缝缀在织物上的方法，反映了汉代对以前玉面罩的承袭。

玉面罩

西汉
宽 24.5 厘米，高 23 厘米
徐州后楼山一号墓出土

由 30 件玉片组成，玉片以长方形和圭形为主。多数玉片为较透明的青灰色，玉质较好，少数玉片因浸蚀，呈灰白色，并间有褐色杂斑。玉片厚薄均匀，厚度仅为 0.1—0.15 厘米，表面抛光，边角钻孔。有 9 件玉片背面有纹饰，是用璧、璜等的残器改制成的。面罩的上部略呈弧形，下颚处随形收折，并根据人脸设计成五横排玉片，分别代表面部的额、眼、鼻、口、下颚。这些玉片用丝线连缀而成，与玉衣的缀合方式相似。西汉早期楚国贵族的丧葬用玉中常使用玉面罩。徐州后楼山五号墓、子房山三号汉墓、药检所汉墓等也出土玉面罩，西汉中期以后的墓葬鲜见玉面罩。

西汉早期，楚国在丧葬用玉方面有着自己的特色，诸侯王和刘姓王室多使用玉衣，玉面罩也在其他贵族中较多使用，由此形成了以玉衣、玉面罩为核心的殓葬用玉等级体系，并在使用上各有一套较为完整但并不十分严格的组合。玉面罩组合为玉璧 1 件、玉面罩 1 件、玉枕 1 件、玉琀 1—3 件、玉握 2 件。

玉面罩

西汉
长 24.5 厘米，宽 22.5 厘米
徐州后楼山五号墓出土

面罩由象征眉、眼、鼻、嘴及其他形状的 53 片玉片组成人的面部形状。每件玉片上钻有数量不等的小孔，便于缝缀在织物上，覆盖在死者的面部。

九窍塞

我国在新石器时代就出现了在死者口中放置口含物的做法。到周代,这一习俗非常流行。文献记载,除了在死者口中放置谷物外,周代还盛行用玉作口含物。《周礼·春官·典瑞》:"大丧,共饭玉,含玉,赠玉。"《说文·玉部》中解释"琀"为"送死者口中玉也"。汉代延续了先秦时期在死者口中置玉琀的丧葬习俗,还盛行多窍塞,如"七窍塞"或"九窍塞"。所谓"七窍"指双耳、双眼、双鼻孔、口。"九窍",系在七窍的基础上加上肛门和生殖器。西汉流行在死者身体各窍置玉的做法。徐州地区的王侯墓葬中出土的玉塞种类有眼盖、鼻塞、耳塞(或耳填)、玉琀、肛塞、生殖器塞。

玉琀最为常见,眼盖、鼻塞、耳塞、肛塞、生殖器塞通常只出土其中某些部分。由于多数墓葬被盗扰,徐州地区西汉墓至今尚未发现种类齐全的九窍塞。出土的眼盖呈树叶形,耳塞多锥台形或圆台形,鼻塞多顶部稍圆的圆锥体形或六棱柱形,口琀多为采用"汉八刀"技法雕琢而成的蝉形,肛塞多为顶部小末端大的锥台形或圆柱形,女性生殖器塞为椭圆形玉片。

从出土的玉塞资料看,西汉时期各地的玉塞在造型风格上存在着明显的一致性,男女均使用玉塞,具体使用多少窍塞无规律性。

西汉早期,死者体中使用玉塞的窍数相对较少,西汉中期多窍塞得到高度发展,以七窍塞和九窍塞为多。这种情况应与西汉时期人们丧葬观念的发展变化有关。西汉中期是丧葬用玉的鼎盛期,人们对形魄的保护更加重视,相信"金玉在九窍,则死人为之不朽"(《抱朴子·对俗》),玉塞得到高度发展,成为丧葬用玉中很重要的组成部分。

玉眼盖

西汉
长 4.4 厘米,宽 2.3 厘米
徐州博物馆藏

玉耳塞

西汉
长 1.4 厘米
徐州狮子山楚王墓出土

玉鼻塞

西汉
长 2.5 厘米
徐州狮子山楚王墓出土

玉琀

西汉
长 4.8 厘米，宽 2.5 厘米
徐州陶家山汉墓出土

玉肛塞

西汉
长 6.1 厘米
徐州火山刘和墓出土

玉阴塞

西汉
长 5 厘米，宽 2.9 厘米
徐州韩山刘婷墓出土

玉握

西汉
通长12厘米，宽2.9厘米，高4.4厘米
徐州韩山刘婷墓出土

　　玉握为死者手中的握物，2件，均为豚形，大小基本相同，由主体和梯形附件两部分组成。主体底面前部与梯形附件顶面后部各有一直径0.3厘米、深0.3厘米的小孔，出土时孔内仍存有朽木痕迹，可知二者应用木质棍状物相连接。

　　根据《仪礼》的记载，周代的袭殓仪式中就有设置"握手"的程序。《士丧礼》："握手，用玄，纁里；长尺二寸，广五寸，牢中半寸；着，组系。"《释名·释丧制》中对握有明确的解释："握，以物着尸手中，使握之也。"江陵马山一号楚墓的墓主手中各握有一件长条状绢团，绢团大小、结构相同。也有玉制的握，玉握有玉鱼、玉管、玉柄形器、小玉戈、玉觽、玉觿、玉蚕等，数量不等。从西周早期至战国晚期均有在死者手中置握的习俗，且无性别和等级上的区分。

　　西汉时期，仍流行在死者手中设握的丧葬习俗，既有丝织物制成的握，也有玉握。由于丝织物极易腐朽，目前出土的丝织物制成的握比较少。玉握出土的数量较多，绝大多数为2件。徐州地区楚国贵族墓葬出土玉握以璜形和豚（猪）形为主，西汉早期玉握多为璜形，猪形玉握出现稍晚。

龙形玉握

西汉
长 14 厘米，宽 6.8 厘米，厚 0.4 厘米
徐州铁刹山汉墓出土

涡纹玉璧

西汉
直径 25 厘米
徐州狮子山楚王墓出土

出土时碎成数块，以青玉制成，满饰涡纹。这件玉璧直径较大，属丧葬用玉。

在墓主身体周围放置玉璧的现象开始于西周早期，战国中期出现了使用多件甚至数十件玉璧包裹墓主身体的做法，并盛行于战国晚期。西汉时期用玉璧殓尸的做法是对先秦丧葬习俗的继承，殓尸玉璧多用于王侯等高级贵族墓葬中。

夔龙纹玉璧

西汉
直径 22.5 厘米
徐州狮子山楚王墓出土

　　玉璧青玉质，分为内外两区，内区为涡纹，外区为变形夔龙纹。龙纹结构奇特，刻画正面龙头四组，龙头雕出额头及鼻梁，嘴不明显，鼻下部两侧各有两条粗阴线，粗阴线较宽，龙头上有两个飘带状角向两侧延伸，与细而长的龙身缠绕。这类玉璧的内区也有刻饰蒲纹的，是用浅而宽的横线或斜线把璧表面分割为似蜂房状排列的六方形。这类夔龙纹玉璧是西汉时期较为流行的丧葬用玉，广州南越王墓、满城窦绾墓都出土有与这件玉璧形制和纹饰非常相似的玉璧。根据该玉璧的尺寸和质地推测其应为楚王的殓尸玉璧。

谷纹玉璧

西汉
直径 14 厘米
徐州狮子山楚王墓出土

玉璧青白色，用透闪石玉制成，玉质温润。玉璧正面满饰谷纹，排列有序，背面素面。谷纹玉璧在战国时期就很流行。战国玉璧上的谷纹，谷粒似旋涡，排列紧密。汉代的谷纹璧则不同，谷粒小而圆，为较高的凸起，且排列稀疏。该玉璧虽然雕琢精细，但背面无纹饰，作为佩戴玉璧的可能性较小。

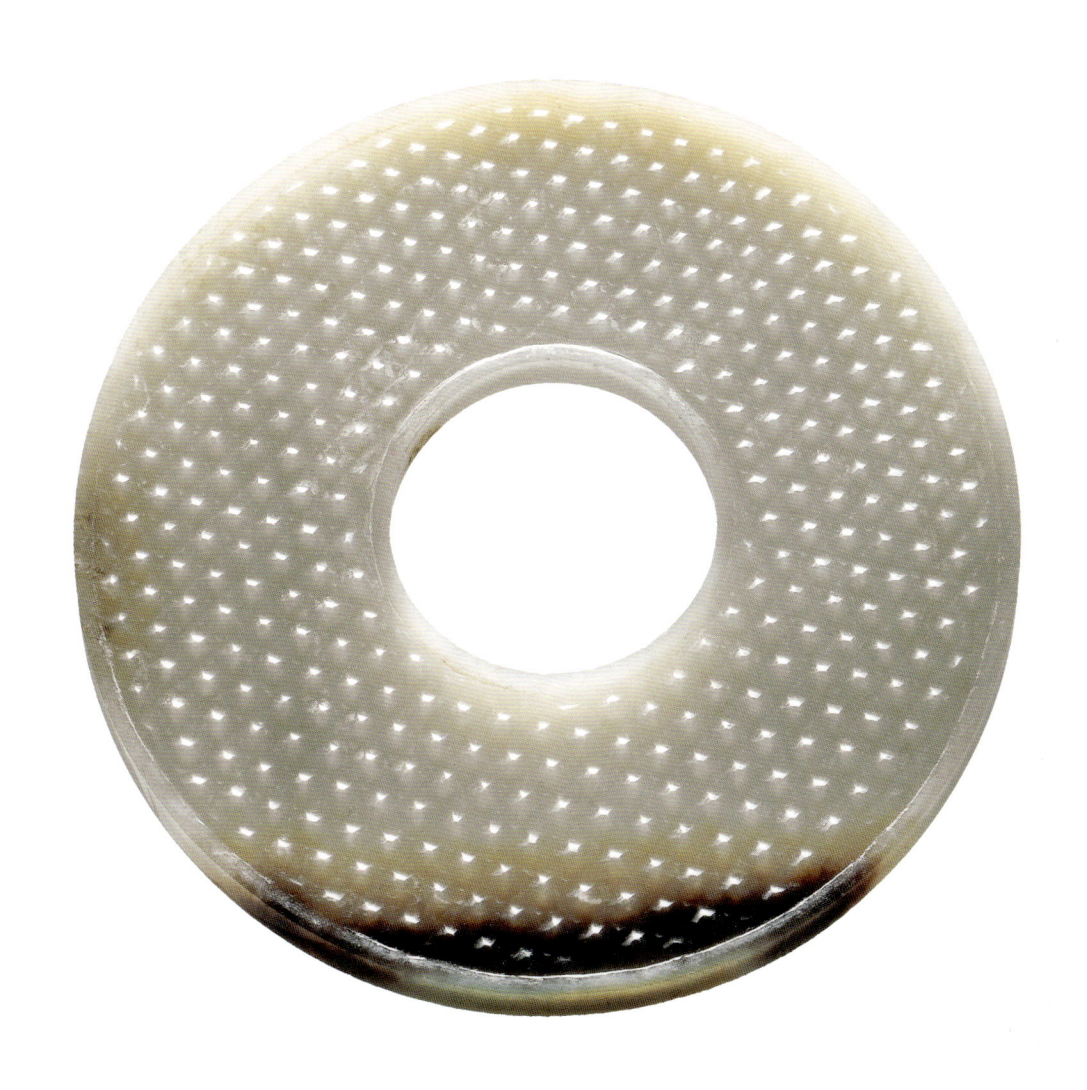

"解忧公主的故乡——徐州汉代楚国文物精品展"工作组

总 策 划	李晓军
展览统筹	宗时珍
策 展 人	缪 华　孟 强
内容设计	缪 华　孟 强
形式设计	赵珵珵
宣传推广	张译丹　刘 洋
社会教育	杜益华　张议之　韦晓婷　许 欣　杨璐宇　路舒雅
	李 洁　闫雨卉
文创开发	赵 勇
展品组织	仇文华
展览招标	彭 茹　温悟宇
安全保障	沙 锐　张 威

后记

本书按照展览的形式划分了单元，省去了在伊犁哈萨克自治州博物馆展览的部分内容，调整了部分章节。东汉与西汉相去不远，社会生产生活、风俗习惯乃至思想信仰都一脉相承。在编写过程中，借鉴和引用了一些汉画像石的内容，以增加图书的可看性。

感谢江苏省文物局、徐州市文广旅局对"解忧公主的故乡——徐州汉代楚国文物精品展"的大力支持，江苏省援伊前指民族团结组黄高峰、韩英两位领导对展览的关心和指导。感谢伊犁州博物馆胡江杰、康平、孟红梅、格林、王雪等诸位领导和同事为展览成功举办付出的努力。感谢展陈公司赵希涛带领团队克服诸多困难，高质量完成展览制作。更要感谢展览的策展团队，前后方密切配合，才能在极短的时间内完成内容设计、展品组织及运输等繁杂的工作，按时将展览奉献给伊犁观众。

感谢为本书的出版提供帮助的同仁，感谢中国书法家协会隶书专业委员会委员李守银先生为本书封面题字。狮子山兵马俑博物馆葛明宇、周波等提供了狮子山楚王墓及陪葬坑等相关图片，为本书增色。耿建军、赵晓伟、陈浩、李涛等提供了部分文物图片或线图。书中借鉴和使用了既往的工作和研究成果，不再一一具名，均致诚挚谢意。

本书付梓之际，适逢宗时珍副馆长即将退休。感谢她为徐州的文博事业、为徐州博物馆、为伊犁州展览和本书的编撰出版所做的贡献。

编　者